恐怖主义犯罪侦防问题研究

田 野 · 著

时事出版社
北京

图书在版编目（CIP）数据

恐怖主义犯罪侦防问题研究/田野著．—北京：时事出版社，2022.8
ISBN 978-7-5195-0487-8

Ⅰ．①恐…　Ⅱ．①田…　Ⅲ．①恐怖主义—刑事犯罪—研究
Ⅳ．①D914.04

中国版本图书馆 CIP 数据核字（2022）第 097181 号

出版发行：时事出版社
地　　址：北京市海淀区彰化路 138 号西荣阁 B 座 G2 层
邮　　编：100097
发行热线：（010）88869831　88869832
传　　真：（010）88869875
电子邮箱：shishichubanshe@sina.com
网　　址：www.shishishe.com
印　　刷：北京良义印刷科技有限公司

开本：787×1092　1/16　印张：11　字数：169 千字
2022 年 8 月第 1 版　2022 年 8 月第 1 次印刷
定价：78.00 元
（如有印装质量问题，请与本社发行部联系调换）

前　　言

2016年1月1日我国《反恐怖主义法》正式实施，提出国家反对一切形式的恐怖主义，依法取缔恐怖活动组织，对任何组织、策划、准备实施、实施恐怖活动，宣扬恐怖主义，煽动实施恐怖活动，组织、领导、参加恐怖活动组织，为恐怖活动提供帮助的，依法追究法律责任，消除恐怖主义的思想基础，并对反恐怖主义的工作原则与安全防范、应对处置、法律责任等具体问题进行规制。近年来，恐怖主义问题持续受到各界关注，但对恐怖主义犯罪侦防进行的系统研究为数不多，尚存在较大研究空间。本书从理论与实践相结合的角度对恐怖主义犯罪的基本问题及其侦查与防控进行了较为全面而深入的研究，并提出了完善我国恐怖主义犯罪侦防机制的建议，以期为恐怖主义犯罪侦防实践提供借鉴。

第一章对恐怖主义犯罪进行概述。恐怖主义是一种主义，属于意识范畴，是一种不为国际社会所接受的信仰及在此基础上形成的意识形态。当恐怖主义思想外化为行动时则涉及犯罪行为，成为法律所规制的对象。恐怖主义犯罪是在恐怖主义意识形态的指导下所实施的具有极大社会危害性的犯罪行为，属于实践范畴。恐怖主义犯罪，是在恐怖主义思想影响下的团体及团体中的个人所实施的，采取暴力、胁迫或其他手段，足以引起社会恐慌、具有极大社会危害性的行为。恐怖主义的产生受经济、政治、文化等多种因素影响，在演变中呈现出鲜明的政治性、虚伪性与排他性等特点。当前恐怖主义犯罪呈现出全球化、网络化、多样化的复杂态势，恐怖主义犯罪阻碍世界和平与发展进程、威胁国家安全、危害社会和谐与稳定，打击与防范恐怖主义犯罪是世界各国为争取人类社会和平与安定的共同选择。

第二章探讨恐怖主义犯罪侦防的理论依据与原则。理论与实践是辩证统一的关系，恐怖主义犯罪侦防实践既要接受理论的指导，又要在实践中不断归纳、检验理论并完善、发展理论。从价值追求维度来看，秩序是恐怖主义犯罪侦防的首要价值，正义是恐怖主义犯罪侦防的基本目标，效益是恐怖主义犯罪侦防的重要内在价值。从刑事政策维度来看，我国当前的刑事综合政策、基本刑事法律政策及具体刑事法律政策对恐怖主义犯罪侦防提出了综合防控、以严为主、零容忍等要求，综合防范与严厉打击恐怖主义犯罪是侦防工作的重点所在。从指导原则维度来看，恐怖主义犯罪侦防应当遵循法治原则、标本兼治原则、积极主动原则、防范为主惩防结合原则、专门工作与群众路线相结合原则等，确保侦防实践不会偏离正确方向。

第三章对恐怖主义犯罪侦防现状及问题进行探究。我国恐怖主义犯罪的立法经历了从无到有、从不完善到逐渐完备的过程，在《刑法》《刑事诉讼法》《反恐怖主义法》等法律法规中都有涉及恐怖主义犯罪的诸多条文，我国立法将国家反恐怖主义纳入国家安全战略，综合施策，标本兼治，加强反恐怖主义的能力建设，运用政治、经济、法律、文化、教育、外交、军事等手段，开展反恐怖主义工作，宣示打击和防范恐怖主义的决心。在恐怖主义犯罪侦防实践中，初步形成较有成效的恐怖主义犯罪侦防体系，以公安机关、武警部队、人民解放军及其他国家机关和社会力量为主体的多元化侦防力量基本整合，共享型情报信息平台初步建成，侦防工作成效化逐步显现。与此同时，恐怖主义犯罪侦防机制仍存在侦防协作系统不成熟、情报导侦运行不畅达、侦防运作机制不健全、防控体系建设不完善等有待优化之处。

第四章对恐怖主义犯罪侦防进行域外比较研究。世界范围内的恐怖主义犯罪从未消停，甚至呈现出全球化扩散、愈演愈烈的趋势，对两大法系中在恐怖主义犯罪惩治与防范方面有代表性的美国、以色列、俄罗斯、法国等典型国家的恐怖主义犯罪历史渊源与侦防机制等进行梳理可知，典型国家恐怖主义犯罪侦防既有顺应各国特殊国情的差异性，又在打击与防范并举、广泛主体积极参与、重视情报的作用、注重开展国际合作等方面体现出共同性。总结域外恐怖主义犯罪侦防经验与教训，启示我国应当注重对恐怖主义犯罪的侦查与防范并重，重视情报导侦运行机制构建，加强国际与国内警务交流及合作。

第五章研究恐怖主义犯罪侦防机制构建。我国当前恐怖主义犯罪侦防中存在的许多问题亟待解决，构建相对完备的恐怖主义犯罪侦防机制需要从革新侦防观念、深化情报导侦、优化侦查机制、强化防控体系等方面着力。首先，应当重视侦防协作理念，不断提高合成作战能力、加强国际合作支撑，灵活务实地开展恐怖主义犯罪侦防合作。其次，应当深化情报导侦的运行机制与保障制度建设，加强对恐怖主义犯罪的情报资源挖掘、整合、研判与共享机制构建。再次，应当从侦防指挥协调机制构建、侦查措施运用、侦查取证重点等方面优化恐怖主义犯罪侦查机制，提高侦查机关应对犯罪新态势的攻坚克难能力。最后，应当提高对恐怖主义犯罪的防控水平，强化风险研判、预案制定等能力，落实多元化防控主体协作机制，完善立体化公共安全防控网络，不断加强对恐怖主义犯罪的预测、预警、预防。

目　　录

导　论 …………………………………………………………… (1)

第一章　恐怖主义犯罪概述 ……………………………………… (9)
　第一节　恐怖主义的概念与起源 ……………………………… (9)
　第二节　恐怖主义犯罪解析 …………………………………… (16)

第二章　恐怖主义犯罪侦防的理论依据与原则 ………………… (26)
　第一节　恐怖主义犯罪侦防的理论基础 ……………………… (26)
　第二节　恐怖主义犯罪侦防的刑事政策依据 ………………… (33)
　第三节　恐怖主义犯罪侦防原则 ……………………………… (39)

第三章　恐怖主义犯罪侦防现状及问题 ………………………… (46)
　第一节　恐怖主义犯罪侦防立法现状 ………………………… (46)
　第二节　恐怖主义犯罪侦防现状 ……………………………… (59)
　第三节　恐怖主义犯罪侦防存在的问题 ……………………… (65)

第四章　恐怖主义犯罪侦防的域外比较 ………………………… (76)
　第一节　英美法系国家 ………………………………………… (76)
　第二节　大陆法系国家 ………………………………………… (88)
　第三节　域外恐怖主义犯罪侦防的异同与启示 ……………… (99)

第五章　恐怖主义犯罪侦防机制构建 …………………………… (107)
　第一节　革新侦防观念 ………………………………………… (107)
　第二节　深化情报导侦 ………………………………………… (115)
　第三节　优化侦查机制 ………………………………………… (125)

第四节　强化防控体系 …………………………………………（134）

结　语 ………………………………………………………（151）

参考文献 ……………………………………………………（153）

导　论

一、研究背景

2017年3月22日，作为英国政治心脏部位的议会大厦附近发生恐怖袭击，致5人死亡40多人受伤，极端组织“伊斯兰国”（IS）宣称对此负责，英国成为国际恐怖势力的袭击目标，而此时距离2016年3月22日比利时首都布鲁塞尔遭遇恐怖袭击刚好一周年。[①] 2015年10月30日，俄罗斯客机在埃及度假胜地沙姆沙伊赫起飞后23分钟失联，后被发现坠毁在埃及西奈半岛，机上217名乘客和7名机组人员全部遇难，事发后长期活跃于埃及西奈半岛的恐怖组织“伊斯兰国西奈省”随即在网络社交平台用多种语言宣布“支持这次行动”。[②] 紧随其后的11月13日晚，法国巴黎多个地点发生恐怖袭击事件，袭击者除了使用AK47进行射击，还发动了自杀式爆炸袭击，“伊斯兰国”在网络上公开赞扬巴黎袭击行动，继而有自称“伊斯兰网络部队”的黑客攻击法国网站。多年来，反恐怖主义问题持续受到国内外各界的普遍关注。

暴力恐怖势力、民族分裂势力、宗教极端势力这三股势力沆瀣一气进行暴力恐怖活动，企图实现其政治性目的，破坏社会安定。纵观十余年间的恐怖组织，从“基地”组织，到东突势力，再到“伊斯兰国”，诸多恐怖组织宣传极端主义思想，煽动暴力恐怖活动。重视对恐怖主义相关问题的研究，对维护社会稳定、国际反恐、人类社会的长治久安及有序发展具有重要意义。

---

① 参见陆忠伟：《反恐初以力制终以道胜》，《文汇报》2017年第3期。

② 参见陶短房：《俄罗斯客机在埃及坠毁：原因是什么》，《南方都市报》2015年第11期。

对我国侦查学界而言，积极开展对恐怖主义犯罪的深入研究，提升应对暴恐犯罪的打防管控实际效能是当务之急。综观当前的研究，学者们大多从恐怖主义犯罪的角度展开研究，宏观讨论反恐问题；有部分学者从犯罪学角度对恐怖主义犯罪的特点、成因等问题进行研究。恐怖主义犯罪的侦防问题尚研究不足。由此，本书立足侦查学科，融合治安学、犯罪学等相关学科知识，对恐怖主义犯罪侦防的相关问题展开探讨。

二、研究现状

自“9·11”事件以来，恐怖主义犯罪问题持续受到国际社会的关注。近年来，英国、法国、俄罗斯等相继发生多起大规模暴恐事件，其中不乏“伊斯兰国”的身影，中国北京、云南昆明、新疆乌鲁木齐等地相继发生的恶性暴力恐怖事件，极端势力和分裂势力都难逃干系。恐怖主义犯罪相关问题，成为学界及实务界研究的重点。目前，就我国学术界的研究情况来看，针对恐怖主义相关问题的研究在数量上较多，但在研究范围与研究内容上有一定的局限性。具体而言，当前的研究范围主要是政治学等学科学者对“恐怖主义”来龙去脉的剖析，研究“恐怖主义犯罪”涉及法学、犯罪学等问题的学者为数不多。在进行文献分析时，本书选择“恐怖主义犯罪”“恐怖主义”“反恐”作为检索的关键词，在中国知网的检索结果分别为2701篇、63834篇、25315篇。检索结果显示，我国学界对恐怖主义犯罪相关问题的关注起始于2001年“9·11”事件之后，在2010年达到一个高峰，当前研究呈现出热点化的趋势。

对恐怖主义犯罪现有的相关研究内容进行分析，可将文献分为以下五类：其一，探讨恐怖主义的性质、类型、特点等基本问题；其二，对恐怖主义犯罪引起全球政治、经济、文化等领域问题的关注；其三，研究反恐立法的相关问题；其四，研究我国反恐情报、策略、组织体系等某一重点方面的具体问题；其五，对域外应对相关犯罪的机制与策略进行比较研究。

其一，较多学者探讨恐怖主义的性质、类型、特点等基本问题。对恐怖主义、恐怖主义犯罪的定义是相关研究的逻辑起点，但无论是《刑法》还是《反恐怖主义法》均无明确的概念界定，因此众多学者的研究中均对此展开探讨。部分学者从刑法学角度界定恐怖主义犯罪，强调恐怖主义犯罪作为一种犯罪行为应受刑罚处罚的特性。如赵秉志、阴建峰《“当代国际刑法与国际犯罪问题学术研讨会”综述》（人民法院报2020年6月17日）中，恐怖犯罪指以极端恐怖的方式实施的、具有严重社会危害性的、应受刑罚处罚的、具有特定意义的犯罪行为，恐怖主义犯罪是指在恐怖主义旗帜下，以违反现代文明社会的犯罪形态出现的一种特别犯罪行为。如俞义东《论恐怖主义犯罪在刑法分则中的地位》（《法学》2005年第2期）认为，恐怖主义犯罪是指为实现一定的政治目的，通过暴力或暴力威胁以及其他非暴力手段制造社会恐怖、侵害他人生命财产的犯罪行为，更强调犯罪的恐怖性和目的的政治性。有学者对特定类型的恐怖主义行为展开具体研究，如高铭暄、李梅容《论网络恐怖主义行为》（《法学杂志》2015年第12期）认为，网络恐怖主义是恐怖主义的一种，是以计算机作为攻击目标或使用工具的“新的恐怖战术”，但并不是每一个干涉计算机系统的行为都是网络恐怖主义，一些干预可能仅仅是网络犯罪，并具体分析网络在恐怖主义中的运用，梳理打击网络恐怖犯罪的国际立法，提出我国打击网络恐怖主义犯罪的对策。

其二，有学者综合跨学科研究方法，对恐怖主义犯罪引起的全球政治、经济、文化等领域的问题进行综合研究。如丁梓越、刘海砚、陈晓慧、麻洪川《顾及时空因素的国家恐怖袭击事件Cox回归分析》（《武汉大学学报（信息科学版）》2020年第12期）基于全球恐怖主义数据库，以国家恐怖袭击高风险状态再次发生的概率为研究对象，通过引入时间交互、空间滞后解释变量，提出顾及多种时空因素的重复事件Cox回归分析方法，研究结果表明，在1995—2016年间，相比于经济社会与地理类因素，政治、军事类因素对国家恐怖袭击高风险状态再次发生概率的影响程度更为明显。如周松青等《全球网络恐怖主义演进趋势与中国国家安全对策》（《福建江夏学院学报》2021年第2期）从国家安全视角着眼，探讨全球网络恐怖主义的发展特征与演进趋势，进而剖析网络恐怖主义对中国国家安全的威胁及在国家安全方面的应对策略。如李亚波、杨荣海、张斯《“一带一路”沿线国家恐怖袭击对中国海外并购影响分析》（《国际经贸探索》2020 年第 8 期）利用 2001—2016 年中国海外并购数据以及全球恐怖主义数据库，研究“一带一路”背景下东道国恐怖主义活动与中国海外并购的关系，研究结果表明中国海外并购总体呈现风险规避特征。

其三，学者们研究反恐立法的相关问题。有学者从以刑事司法理念为指引、刑法规制角度探讨反恐立法，如齐文远、夏凉《运用刑事司法理念应对恐怖主义犯罪问题研究——以美军利比亚反恐为切入点》（《武汉科技大学学报（社会科学版）2016 年第 1 期》），提出我国反恐策略应以刑法正面预防为主，做到刑法提前介入，同时应当制定一部反恐单行刑法，以明确恐怖主义犯罪的范围，还应当将我国缔结或参加的国际条约中涉及的相关罪行及时转化为国内刑法的罪名，以加强打击国际恐怖主义的力度，确保刑法反恐机能的充分发挥。有学者从国际法视角研究恐怖主义犯罪，如张一、斯坦・伊德里斯・费尔赫芬《论国际法中的煽动恐怖主义犯罪》（《刑法论丛》2020 年第 2 卷）梳理煽动恐怖主义的国际法律框架，分析国家法律制度下的煽动恐怖主义，讨论国际公认的煽动恐怖主义定义，提出在国际层面对煽动恐怖主义犯罪作出明确具有必要性。有学者研究特定类型恐怖主义犯罪的法治化治理，如李海滢、付祎《我国宗教极端主义犯罪的法治化治理路径探析》《河南师范大学学报（哲学社会科学版）2020 年第 11 期》提出应以惩治犯罪为诉求基点，构建以《宪法》《刑法》《反恐怖主义法》等基本法律为核心的立法体系，配合部门法规和地方性法规，依法打击宗教极端主义犯罪行为。

其四，有学者重点研究我国反恐的情报、策略、组织体系、国际合作等具体问题。例如：郭永良《论我国反恐模式的转型——从精英模式到参与模式》（《法学家》2016 年第 2 期），张伟伟、王万《暗网恐怖主义犯罪研究》[《中国人民公安大学学报（社会科学版）》2016 年第 4 期]，王沙鹏《我国面临的恐怖主义及情报反恐研究》（《中国软科学》2014 年第 2 期），刘仁文《中国反恐刑事立法的描述与评析》（《法学家》2013 年第 4 期），何荣功《“预防性”反恐刑事立法思考》（《中国法学》2016 年第 3 期），都伊林、吴骁《智慧城市视角下完善反恐预警机制研究》（《情报杂志》2015年第7期），刘铭《大数据反恐应用中的法律问题分析》（《河北法学》2015年第2期），姬艳涛、尹伟《反恐社区警务的理论与实践》[《中国人民公安大学学报（社会科学版）》2016年第1期]，张力伟、赵吉、李慧杰《“分析为中心”的情报方法及其对恐怖主义风险评估的启示》（《情报杂志》2020年第12期）等。学者们选择了其擅长的特定视角，对具体问题的研究较为深入，对恐怖主义犯罪相关问题的后续研究有一定的借鉴意义。

其五，还有学者专注于对恐怖主义犯罪的域外比较研究。如赵秉志教授《国际恐怖主义犯罪及其防治对策专论》对打击恐怖主义犯罪的国际刑事司法合作、外国反恐刑事立法及相关法律制度以及惩治恐怖主义犯罪的国际公约等问题进行了论述。又如刘仁山教授等所著《国际恐怖主义法律问题研究》对在联合国框架下的反恐法律机制、区域性组织框架下的反恐合作机制进行了体系化的梳理与论述。关于域外反恐研究的文章十分丰富，例如：张波《以色列反恐战略研究》（中共中央党校博士学位论文2016年），许桂敏《俄罗斯反恐立法特点评介》（《环球法律评论》2013年第1期），孙逊《奥巴马政府国家反恐战略评析》（《外交评论》2013年第4期），戴艳梅《俄罗斯反恐机制研究》（《俄罗斯中亚东欧研究》2012年第5期），罗刚《反恐对策：美国经验与中国选择》（《政法论丛》2014年第5期）等。学者们对某一国家及地区的反恐立法、机制、对策等进行较为深入的研究，在比较研究中得出对我国的启示。以陆忠伟等为代表的国际关系学者则以热点事件为切入点进行国际反恐局势分析，如《国际反恐15年之启示》（《光明日报》2016年1月7日）、《正本清源，润物无声——对穆斯林激进主义的回顾与思考》（《现代国际关系》2015年第10期）、《英国反恐“走曼城”》（《文汇报》2017年5月31日）、《美国“10·21”网袭事件之启示》（《人民政协报》2016年11月16日）等。

总体上，我国恐怖主义犯罪问题研究在“9·11”事件后20年间取得很大的进步，学术研究成果丰硕，在恐怖主义犯罪基本问题、反恐法治化治理、反恐情报、反恐机制的域外比较领域涌现出一些较为深入的研究。近年来关于恐怖主义犯罪的研究逐步细化，恐怖主义犯罪的理论研究也日渐多样。但是目前的研究仍存在一定局限性。一方面，学者们倾向从宏观上就恐怖主义犯罪问题、反恐问题进行探讨，针对恐怖主义犯罪的应对机制的具体研究不多，立足于公安学领域对恐怖主义犯罪的研究较少，具体到侦查学领域对恐怖主义犯罪的侦查与防控进行的研究更是屈指可数。另一方面，致力于在公安学视域开展的对恐怖主义犯罪的研究不够全面系统，现有研究与实践结合性不强，浅尝辄止、让人意犹未尽。局限之所在亦是机会之所在，本书将从恐怖主义犯罪侦查机制与防控体系综合构建的视角对恐怖主义犯罪侦防问题展开系统探究。

三、研究思路

1. 刑事一体化的视角

刑事一体化不仅是刑事法律领域以及相关实务活动的基本理念，也是一种观察与研究方法，对刑事司法活动应当整体而观之，在宏观上进行整体哲理思考和社会价值评判，突破各学科内部孤立、片面、静止地看问题的研究模式；具体到侦查学研究领域，就是要在侦查之中、侦查之外及侦查之上来研究侦查。[①] 本书将刑事一体化的视角引入对恐怖主义犯罪侦防问题的研究中，从侦查活动本身出发开展研究，进而将关注点拓展到与侦查相关的其他刑事司法活动以及社会问题上，运用侦防一体化的思路，以更宏观、开放的视野进行研究。

2. 多学科结合的思路

本书采用多学科结合的思路，在以侦查学视角对恐怖主义犯罪问题进行侦查对策研究的同时，也采用犯罪学研究的思路，按照对恐怖主义犯罪现象、犯罪原因等的分析，找出恐怖主义犯罪的防控对策。同时也重视公安学、刑事法学、国际法学、社会学、哲学、宗教学、管理学等相关学科知识的应用，融合多学科理论与知识进行多角度的参照，以保证研究的客观性与科学性，促进相关研究的持续发展。

---

① 参见杨宗辉：《侦查学研究方法的拓展——以“刑事一体化”思想为视角》，《武汉公安干部学院学报》2009 年第 23 卷第 1 期，第 8—23 页。

四、研究方法

恐怖主义犯罪侦防问题涉及面比较广泛，为了使论文的研究尽可能地达到全面性、可行性、针对性，本书综合采取以下研究方法：

1. 文献研究法

学术研究离不开对参考文献的分析和应用。文献分析法的主要作用有两方面：第一，文献分析法能够及时有效地提供对论文有用的科研资料，有利于全面、详细地把握和研究恐怖主义犯罪；第二，文献分析法可以在写作过程中高效地掌握涉及恐怖主义犯罪侦防问题各领域的研究现状、难点、热点等。所以，本书采取文献分析的研究方法，搜集和查阅大量国内外有关恐怖主义犯罪侦防问题的科研论文、报告等，并且将所涉及的资料作为研究以及写作本书的重要基础，以便拓展研究的广度和深度。

2. 比较研究法

域外对恐怖主义犯罪的研究及侦防对策研究已达到一定深度，域外理论研究与实践中的局限及优势都能为我们的研究提供诸多启示。因此，本书在归纳总结美国、俄罗斯等国家恐怖主义犯罪研究相关理论、相关立法情况与侦防实践的基础上，将相关情况与我国当前恐怖主义犯罪的侦防情况进行比较，从而对恐怖主义犯罪的侦防进行多视角的分析，借鉴域外经验，拓宽我国恐怖主义犯罪侦防问题的研究思路，完善我国恐怖主义犯罪侦防对策。

3. 个案研究法

本书研究恐怖主义犯罪侦防问题的资料主要来源于公安司法机关已披露的数据，以及新闻媒体所报道的案例内涉及数据，并对这些资料进行汇总分析。因此，本书运用个案分析法，选取典型案例进行具体研究，通过引用及分析已有案例，以现有实证材料作为支撑，研究恐怖主义犯罪的侦防现状，并进而探究侦防对策。

4. 实证研究法

实证分析法主要是认识客观现象，向研究者提供实在、有用、具体、准确知识数据的研究方法。本书在研究恐怖主义侦防问题的过程中，采用实证研究方法，通过对典型地区恐怖主义犯罪侦防的具体实践及相关案例进行实证的分析、统计，发现恐怖主义犯罪产生及蔓延的规律，为研究恐怖主义犯罪侦防问题提供丰富有效的实证数据支持，也为完善恐怖主义犯罪侦防提供实践支持和数据论证。

5. 交叉研究法

为了拓展恐怖主义犯罪侦防问题研究的理论视角，防止在研究的过程中受到思维定势和固有思维局限的影响，本书在研究恐怖主义侦防问题时，将尝试采用侦查学、治安学、刑事诉讼法学、犯罪学、社会学、组织行为学等多学科的交叉研究方法，以便使其基础理论研究能更加完善，系统论证能实现一定创新。

第一章　恐怖主义犯罪概述

第一节　恐怖主义的概念与起源

一、恐怖主义的概念

“9·11”事件后，联合国专门成立工作组制定出台了《关于国际恐怖主义的全面公约草案》并几易版本，将恐怖主义界定为：任何人不论以何种方式，为了在人群中制造恐怖或者强制某一政府或国际组织做或不做某种行为，非法且国际性地导致其他任何人的死亡或者严重人身伤害或公私财产的严重损害，其中包括公用场所、国家政府设施、公共交通系统、基础设施及环境等，造成实际的或者可能的经济损失。任何人如果威胁采用前款规定的行为，或者有采取前款规定的行为的企图，或者参与、组织、领导或资助前款行为，均构成恐怖主义犯罪。所有缔约方都必须将此种行为“犯罪化”及“非政治化”。此公约草案在国际反恐立法中具有里程碑式的重要意义，但其在恐怖主义定义的完整性与灵活性方面都存在瑕疵，还涉及其他诸多问题，导致此公约草案历时十几年至今仍未通过。[①] 2001 年 6 月上海合作组织通过的《打击恐怖主义、分裂主义和极端主义上海公约》第一条中，将恐怖主义定义为《关于制止非法劫持航空器的公约》《制止向恐怖主义提供资助的国际公约》等十个条约之一所认定并经其定义为犯罪的任何行为，以及致使平民或武装冲突情况下未积极参与军事行动的任何其他人员死亡或对其

① 参见刘仁山、尹生、简基松、邓烈：《国际恐怖主义法律问题研究》，中国法制出版社 2011 年版，第 5 页。

造成重大人身伤害、对物质目标造成重大损失的任何其他行为，以及组织、策划、共谋、教唆上述活动的行为，而此类行为因其性质或背景可认定为恐吓居民、破坏公共安全或强制政权机关或国际组织以实施或不实施某种行为，并且依据各方国内法律应追究刑事责任的任何行为。我国2016年1月起施行《反恐怖主义法》，其中第三条将恐怖主义界定为：通过暴力、破坏、恐吓等手段，制造社会恐慌、危害公共安全、侵犯人身财产，或者胁迫国家机关、国际组织，以实现其政治、意识形态等目的的主张和行为。

学界对恐怖主义的定义莫衷一是，代表性观点主要有以下几种。

早在20世纪80年代末，美国学者分析了109个恐怖主义定义后，归纳出22个要素并分别计算其频率，从统计结果中总结恐怖主义概念的共性为：以暴力行为为基本手段；具有鲜明的政治目的性；以非战斗目标为打击目标；是一种有目的、有计划、有组织的行为；违背人道主义精神；会引起众多人的恐慌。① 又有美国学者提出，恐怖主义是一种在力量对比中非对称的斗争对策，是弱者用以反对强者的武器。② 还有美国学者直接将恐怖主义界定为一种意在制造恐怖而非毁灭对手的突发性的暴力行为，其旨在通过袭击和威胁具有象征性意义的目标来影响对手的政治行为，然而其结果却往往是使得平民百姓成了牺牲者。③ 不同国家的学者对于恐怖主义的定义差别较大，但总结不同国家学者们的观点，他们对恐怖主义的认识具有一定的共性，包括使用暴力手段、为了达到政治目的等。

我国学者对恐怖主义相关问题的研究同样始于20世纪80年代，在“9·11”事件后则达到高峰，典型观点有以下几种。有社会学者认为，恐怖主义是一种旨在通过制造恐怖气氛来引起社会关注，以威胁有关政府或社会，是为了达到某种政治目的或社会目标服务的，无论弱者或者强者都可以采用的，针对非战斗目标的包括暗杀、绑架、爆炸、投毒、

---

① Alex P. Schmid and Albert J. Jongman et al, “Political Terrorism”, North – Holland Publishing Company, 1988, p. 28.

② 参见［美］伊恩·莱塞等：《反新恐怖主义》，程克雄译，新华出版社2002年版，第61，122页。

③ 参见肖平：《恐怖主义的法律定义研究》，《福建行政学院学报》2009年第1期，第68—72、76页。

劫持人质及交通工具、危害计算机系统以及其他形式的违法犯罪性质的暴力、暴力威胁或非暴力破坏活动。① 有学者明确提出，恐怖主义是一种意识形态，具体而言，恐怖主义是个人或组织在一定的社会背景下，为了达到某种政治目的进而改变国家的政治方向，以惨无人道的暴力或威胁方法残害政敌或民众的一种意识形态。② 在恐怖主义的主体与属性界定模糊、探讨纷纷的情况下，有的学者索性扩而大之地将相关要素都包含进恐怖主义的定义之内，提出恐怖主义是个人、组织或国家，为达到某种政治或社会目的，通过使用或威胁使用残酷方法，制造社会恐怖，恐吓另一个人、组织或国家的犯罪行为和思潮。③ 这样定义看似简洁明了，但却大而化之，对恐怖主义的研究并没有太大价值。有学者在分析众多恐怖主义的定义后，得出恐怖主义既属于政治学范畴，也属于法学范畴，其主要表现为行为人对不特定的社会一般民众采用暴力、胁迫或其他手段，意图造成其生命、健康或财产安全等的损害，从而使社会大众产生普遍的恐惧心理，从而实现其自身的政治目的或其他社会目的。④ 综观学者们的观点，多数学者并没有区分清楚恐怖主义究竟是一种"思想"还是"行为"，对于恐怖主义的性质界定处于模棱两可的状态。

笔者认为，"恐怖主义"是一种主义，它属于意识范畴，是一种不为国际社会所接受的信仰及在此基础上形成的意识形态。由于恐怖主义本身只存在于意识范畴，它并不是法律所调控的对象。而当恐怖主义思想外化为行动时则涉及犯罪行为，就理所当然地成为法律所规制的对象。因而，"恐怖主义犯罪"就是在恐怖主义意识形态的指导下所实施的具有极大社会危害性的犯罪行为，属于实践范畴。恐怖主义与恐怖主义犯罪两个概念有着范畴上的区别。

---

① 参见胡联合：《第三只眼看恐怖主义》，世界知识出版社2002年版，第12页。

② 参见杨心宇、丁毅：《对恐怖主义及其相关概念的分析》，《当代法学》2003年第3期。

③ 参见李慧智：《反恐学》，人民出版社2003年版，第53页。

④ 参见莫洪宪、周娅：《论恐怖主义的界定》，《贵州警官职业学院学报》2003年第6期，第10—13页。

二、恐怖主义的特点

恐怖主义虽然时常打着宗教、民族的旗号，但它与所宣扬的宗教、民族思想有着本质上的区别，在思想主张、组织行为方式、处世态度等方面迥然不同，它是思想异化的产物，呈现出鲜明的政治性、虚伪性与排他性。

（一）恐怖主义的政治性

在政治与宗教的关系问题上，政教分离是政治现代化的国家所普遍接纳的模式，也是近代民主宪政的重要成果。政教分离在根本上强调政治与宗教的分离，同时也要求政治与宗教之间建立起合理的联系，即一方面要求国家与政府要保护其治理范围内各宗教的存在，并尊重宗教人士的信仰自由；另一方面要求宗教要在国家与法律允许的范围内开展活动。当今世界仍有少数国家实行政教合一制度，例如泰国仍然以佛教为国教，西班牙仍然以天主教为国教，伊朗、巴勒斯坦等国家仍然以伊斯兰教为国教。[1] 各国的政教关系制度有所区别，但促进人类社会和平与发展的根本目标是一致的，主流价值导向是一致的。

然而，恐怖主义、极端主义却企图实现不当政治目的，它假托宗教之名，把宗教作为工具利用，试图为其政治图谋染上一层宗教色彩。恐怖主义、极端主义处心积虑包装、掩盖自身政治目的，以宗教之名煽动群众，这恰恰从侧面反映出其目的的不正当性。极端分子将宗教教义予以歪曲化、极端化的解读，并在信众群体中大肆宣扬，例如本·拉登提出“推行圣战以传播真主的教义”“以宗教来清除不信者”，这些主张已经完全背离了宗教本意，而是在动员、蛊惑人们实施有目的的罪恶行径，其最终目标仍然是实现政治图谋。

（二）恐怖主义的虚伪性

恐怖主义利用信众的心理特点，将它的极端思想、恶劣主张全部强

① 参见顾肃：《现代政治发展中的政教分离原则与实践》，《江苏行政学院学报》2009 年第 1 期，第 90—96 页。

加为神的旨意，并将相关教义歪曲解读、制定出迷惑人们的极端纲领或主张，以进一步适应它的歪理邪说，蒙骗具有相似信仰的人们。但无论如何包装粉饰，恐怖主义、极端主义的思想主张与组织行动，通常都是背离社会主流价值的，具有明显的违法犯罪性质，难以迷惑更多理智的人们，因此恐怖主义将它的目标放在部分具有虔诚信仰，也具有偏激不满情绪而又欠缺判断力的盲目信众身上，力图将更多的人引入歧途。如此一来，恐怖主义既能壮大其追随者队伍，又能从这些追随者中得到资金、帮助以及庇护。

（三）恐怖主义的排他性

恐怖主义极力排斥与之不同的信仰、文化、思想主张，任何不能为它所利用的观念都受到它的强烈抵制，恐怖分子甚至试图通过极端暴力行径来毁灭其他文化。这与世界文明以所共同追求的平和、宽容、自我约束等价值理念背道而驰。例如伊斯兰教倡导和平、宽容、善良，要求穆斯林谨守中道，不允许主观臆断、偏执绝对地理解经训。然而，伊斯兰极端主义却极端片面和武断地扭曲解释伊斯兰教义，歪曲宣扬“圣战”来实现政治图谋。伊斯兰极端主义竭力鼓吹其极端、暴力思想，排斥伊斯兰文明中的主流思想，抵制甚至妄图消灭异己思想与力量。

三、恐怖主义的产生

恐怖主义的产生有着极其复杂的机理，它是在世界政治、经济、文化、社会等多方面因素的综合影响下滋生蔓延的。

（一）恐怖主义产生的经济因素

全球化背景下的国际政治经济格局并不平衡，资本看似源源不断地由发达国家流向发展中国家，广大发展中国家经济快速增长，然而利润却反而从发展中国家不断回流发达国家，发展中国家与发达国家的差距没有缩小反而越拉越大，贫富差距不断加剧，这些都有碍于全球经济的健康发展。在少数人享受全球化带来的巨大利益的同时，多数人却并没有在全球化中获得福利，甚至有部分人依旧在赤贫线上挣扎。贫困地区经济发展缓慢，弱势群体生存条件恶劣、对前途极其绝望，他们既无法寻得现实的出路，又难以获得精神的排解，便更容易思想极端化，此时受到别有用心者的蛊惑利用，便极易使贫困成为恐怖主义滋生的土壤。贫穷地区一贫如洗的人们试图反抗世界财富的不平衡分配，但他们尚没有强大的力量，他们只能利用暴力、自我牺牲等极端行径来表达对现状的不满与诉求。

经济发展的不平衡是造成恐怖主义产生与蔓延的重要原因，各区域间经济上的相互促进、普遍发展、共同繁荣是消除恐怖主义的基础，只有消除了恐怖主义产生的物质基础，才能铲除恐怖主义的根源。对恐怖主义犯罪的防范与打击必须注重源头治理，且只有尽力缩小贫富差距，实现经济发展的相对公平，才能使恐怖主义成为无源之水。国际社会要加快构建相对公平合理的国际政治经济新秩序，从源头上遏制恐怖主义的产生。

（二）恐怖主义产生的政治因素

世界政治矛盾是经济矛盾的进一步表现，也是产生恐怖主义的另一重要因素。从历史上看，西方列强残暴的殖民统治早已在殖民地埋下仇恨的种子，霸权主义与强权政治更是让这种仇恨生根发芽。以美国与伊拉克的矛盾为例，以美国为首的西方国家对穆斯林世界的长期侵犯与压迫，引起广大穆斯林的敌视与强烈反抗，激化了穆斯林世界与西方国家的矛盾。正是这些国家的单边主义政策极大地扰乱了国际政治秩序，使得弱小国家无法公正、妥当地表达其政治诉求，于是便寻求暴力、极端等不当表达诉求的途径。从国家内部来看，一国政府的独裁、腐败、不当作为等都可能引起该国民众的强烈反抗，特别是当一国的政策失当、触犯较大一部分民众的利益时，此时加以恶性势力的煽动，很容易诱发分裂主义、极端主义与暴力恐怖主义。

另外，美国在反恐问题上采取双重标准，反恐多年“越反越恐”，也是导致恐怖主义在世界范围内泛滥的一大因素。美国基于其政治经济利益，一度暗中支持利用极端势力，在阿富汗战争时期曾对本·拉登的“基地”组织提供金钱、武器、庇护等大力支持。恐怖主义是全世界的共同敌人，合力防范和打击恐怖主义是全世界的共同责任，世界各国应当在反恐问题上坚定立场，协力遏制分裂主义、极端主义与暴力恐怖主义。

（三）恐怖主义产生的社会文化因素

世界文明有着悠久的历史，从古老的东方文明、希腊神话、恺撒与基督时代到文艺复兴、宗教改革直至理性的觉醒，文明经历了漫长的过程并不断发展。当今世界文明体系中，存在着几大不同的文明系统，这些不同的文明系统之间相互交流、相互影响，也必然会产生相互碰撞，而在相互碰撞之中，既会产生智慧的火花，也无法避免冲突与摩擦。随着全球化进程的加快，不同的文明之间也快速吸收、借鉴、融合，如今各文明系统之间的交流已十分广泛，许多具有普适性的文化已被世界各国广泛接受，但各文明依然保留有自己的部分独特性。在信息时代各文明快速的碰撞与融合中，处于文明交界地带、边缘地带的人群一时难以适应，他们无力快速消化夹杂在固有文化与新观点间的迅猛冲击，引起了一定程度的排斥、反抗等消极应对。文明本身具有多样性，各文明之间本身并无孰优孰劣之分，各文明间求同存异、共同发展。然而，一些西方学者提出恐怖主义的根源在于西方文明与伊斯兰文明之间的冲突，伊斯兰文明具有反西方文明的性质，伊斯兰教是中东地区恐怖主义泛滥的原因。[①] 这种观点带有立场的主观性，是有失偏颇的。2016 年 1 月，习近平总书记在阿拉伯国家联盟总部的演讲中，对伊斯兰文明给予了积极的评价。习总书记提出，就如同自然界的物种具有多样性，文明也具有多样性；中华文明与阿拉伯文明各成体系、各具特色，但都包含有人类发展进步所积淀的共同理念和追求；中国反对一切针对特定民族、宗教的歧视和偏见。

信息化与高新技术的迅猛发展，在给人们生活带来便利、让人们享有更多资讯与资源的同时，也对恐怖主义的泛滥起到一定的推动作用。一方面，信息化时代，恐怖分子利用网络、自媒体等平台宣扬与传播恐怖主义思想，使得恐怖主义的扩散面更广，给了恐怖分子更多

---

① 参见［美］塞缪尔·亨廷顿：《文明的冲突与世界秩序的重建》，周琪等译，新华出版社 2010 年版，第 89 页。

的可乘之机。例如在本·拉登时期，“基地”组织头目利用互联网与卫星电话操纵极端组织、部署恐怖活动；近年来英国、俄罗斯、法国等发生恐怖袭击后，与 ISIS 有关的极端组织都迅速在网络社交平台上公开宣扬恐怖行动，并运用黑客技术攻击受袭击国家的网站。恐怖分子利用网络获取并传播恐怖信息，也把网络作为了新的袭击对象。另一方面，伴随着高新科技的快速发展，新技术不断被恐怖分子利用，他们由传统的打砸抢、绑架、爆炸等暴力恐怖的活动方式，演变为试图利用生化武器、网络黑客技术等进行破坏性活动，造成更加泛化且难以估量的危害。

第二节　恐怖主义犯罪解析

一、恐怖主义犯罪的界定

犯罪是与人类社会相伴而生的一种社会现象，犯罪行为不仅会危害公民的各项权利，还可能危及正常的社会、经济秩序，甚至有损于国家安全和政治统治。为此，国家及社会给予犯罪行为否定性评价，防范与惩罚犯罪行为，以保持社会的健康有序发展。对于如何认识犯罪问题，在犯罪学领域与在刑法学领域是有所区别的，犯罪学对犯罪的研究通常着眼于犯罪的实体角度，而刑法学对犯罪的认识是从法律规范的角度展开的。

因此，对于犯罪概念的界定，在刑法学研究中具有一致性，即根据我国《刑法》的规定，犯罪是危害社会、依照法律应当受刑罚处罚的行为，对于情节轻微危害不大的，则不认为是犯罪。我国现行《刑法》所规定的涉及恐怖主义、极端主义的犯罪有：组织、领导、参加恐怖组织罪，帮助恐怖活动罪，准备实施恐怖活动罪，宣扬恐怖主义、极端主义、煽动实施恐怖活动罪，利用极端主义破坏法律实施罪，强制穿戴恐怖主义、极端主义服饰、标志罪，非法持有宣扬恐怖主义、极端主义物品罪，以及拒绝提供间谍犯罪证据罪等。

而在犯罪学研究中，学者们对于犯罪的定义问题有所争议。在我国犯罪学的早期研究中，有学者提出犯罪学中的犯罪定义与刑法学中的犯罪定义等同,① 随着学科研究的不断深入，持这种观点的学者如今已经很少。有的学者认为，犯罪学中的犯罪是指具有严重危害社会性的，应当受到制裁或者处罚的行为，包括《刑法》规定的犯罪范畴但又不仅局限于此。② 有学者提出，犯罪学的犯罪概念核心是强调社会危害性，而并不受到刑事违法性的制约，它不仅包括绝大多数的法定犯罪，还包括准犯罪、待犯罪化的犯罪这些危害社会的行为。③ 有学者提出了犯罪学与刑法学中犯罪概念的主要区别在于这两个学科研究中对犯罪的本质特征认识不同，虽然犯罪的本质属性在于其社会危害性是两学科的共识，但两学科对"社会危害性"的理解却存在不同，刑法学中的社会危害性是反映了统治意志的主客观相统一的评价，而犯罪学中的社会危害性只在于其客观事实属性。④

我国法学界学者们着重立足于法学研究的视野对"恐怖主义犯罪"的概念进行分析界定。有的学者提出了界定恐怖主义犯罪的概念的几个注意事项，一是要正确认识恐怖行为的实施者，二是鉴别恐怖行为时要符合保护人权观念，三是要认清恐怖主义犯罪的共性，四是下定义时要体现本国特色。⑤ 有的学者认为，恐怖主义犯罪是指个人或者团体有计划地使用暴力或非法利用高科技手段，或者威胁使用前述手段，扰乱公共秩序，恐吓、要挟社会的行为。⑥ 然而，对于不属于任何恐怖组织的个人出于政治、宗教等原因实施的恐怖活动，是否属于恐怖主义犯罪，部分学者持反对意见。他们认为，个人不能成为恐怖主义犯罪的主体，因为这样会导致恐怖主义犯罪和普通刑事犯罪的混淆。⑦ 还有学者指

---

① 参见刘灿璞:《当代犯罪学》，群众出版社 1986 年版，第 12 页。

② 参见康树华:《犯罪学》，群众出版社 1998 年版，第 43 页。

③ 参见刘广三:《犯罪学上的犯罪概念》,《法学研究》1998 年第 2 期，第 83—90 页。

④ 参见张远煌:《犯罪理念之确立——犯罪概念的刑法学与犯罪学比较分析》,《中国法学》1999 年第 3 期，第 127—135 页。

⑤ 参见王爱鲜:《界定恐怖主义犯罪概念应注意的问题》,《河南社会科学》2015 年第 23 卷第 12 期，第 64—69、123 页。

⑥ 参见欧阳华等:《恐怖主义犯罪与我国刑事立法》,《中国法学会刑法学研究会 2002 年年会论文集（下）》，2002 年，第 1103 页。

⑦ 参见莫洪宪、彭文华:《恐怖主义犯罪对策与控制研究》，赵秉志、卢望平:《国际刑法评论》第 3 卷，中国人民公安大学出版社 2009 年版，第 346 页。

出，恐怖主义犯罪应当是具有明确恐怖主义主张的组织及其成员所实施的恐怖活动，对个人能否成为恐怖主义犯罪的主体，他们主张分情况予以对待。他们认为，个人偶然实施的如爆炸、投毒等危害公共安全或人身安全的犯罪，由于行为性质不具有恐怖主义犯罪的系统性和有组织性，不宜作为恐怖主义犯罪探讨；但是面对航空安全、核材料安全特别重大的人类法益，行为人实施该行为本身即表明了其恐怖主义系统主张，因而即便其不具有组织性也应当视为恐怖主义犯罪。① 有的学者对恐怖主义犯罪在犯罪学领域和在刑法学领域的不同内涵做了区分，他提出，以犯罪学视角看，恐怖主义犯罪是在恐怖主义旗帜下的反人类的暴力或暴力胁迫行为，实施主体包括个人、团体乃至政府；而从刑法学的视角看，恐怖主义犯罪是由刑法所规定的，由恐怖组织或个人所实施的，意图引起社会恐怖气氛的，危害国家安全、公共安全及社会管理秩序的行为。②

对于学者们有所争议的恐怖主义犯罪的主体是否包含个人这一问题，本书认为，应当视行为的根本性质以及个人行为是否受到一定组织思想行动的影响而定。如果只是某一个体自发产生暴力犯罪念头，并自己付诸行动进行犯罪行为，不能称作是“恐怖主义犯罪”，毕竟恐怖主义之所以称之为“主义”，是因为其思想意识有着在一定范围内的传播性，单纯某一个体的想法即便其再反叛，若没有影响他人的想法、行为与力量，都不能称之为一种“主义”，因此此时的犯罪不属于恐怖主义犯罪，而只是普通犯罪行为。而如果某一个体是在有着恐怖主义反社会思想的团体的思想激励、经济资助、行动支持等影响下实施犯罪行为，那他其实就是恐怖主义团体的代言人，他的行为看似个体行动，实则代表着其背后的恐怖组织，此时哪怕行为的具体实施者只是一个人，也应当属于恐怖主义犯罪的范畴。

面对恐怖主义定义的多样性和统一定义的艰难性，有学者创造性地提出，可将研究着眼于定义的方法论上，建议在同一层面统一恐怖主义

---

① 参见赵秉志等：《国际恐怖主义犯罪及其防治对策专论》，中国人民公安大学出版社2005年版，第34页。

② 参见童伟华：《论恐怖主义犯罪的界定》，《甘肃政法学院学报》2002年第8期，第76—82页。

的定义，在不同层面区分恐怖主义的定义，梳理清楚定义之间的逻辑关系，进而运用传统的国际法分步立法的方法在定义范围与法律地位上界定恐怖主义。[①] 不同学科研究的视野存在差异，而且恐怖主义犯罪是不断动态变化的，因此本文支持各学科研究者在客观、科学、法治的基础上，立足我国实际及本学科研究视角，求同存异，这将更有利于对恐怖主义犯罪的研究。

本书对恐怖主义犯罪侦防问题的研究，是在犯罪学视野下展开的，因而采取犯罪学对犯罪的界定，认为犯罪是需要由国家和社会采取必要的措施加以防范与处置的具有社会危害性的行为。恐怖主义犯罪，是在恐怖主义思想影响下的团体及团体中的个人所实施的，采取暴力、胁迫或其他手段，足以引起社会恐慌、具有极大社会危害性的行为。

二、恐怖主义犯罪的现状

综观当前的恐怖主义犯罪状况，总体上处于可控状态，但形势依然严峻，恐怖主义的袭击范围和对象不断扩大，其犯罪活动呈现出扩大化、复杂化、网络化等新特点。恐怖主义犯罪在短期内不会被消除，恐怖主义犯罪的威胁仍将长期存在并影响国际与国内安全形势。

（一）国际恐怖主义犯罪

目前国际反恐总体形势不容乐观。虽然美国历年的国别反恐报告中，偶有中方不能接受的涉华不实之词，其在反恐问题上的“双重标准”无助于国际反恐合作。但是其报告中的数据统计，还是有一定的参考价值的。据美国近13年间的国别反恐报告显示，全球重大恐怖袭击的次数、死伤人数如下表所示：

---

① 参见刘仁山、尹生、简基松、邓烈：《国际恐怖主义法律问题研究》，中国法制出版社2011年版，第20—26页。

表 1 - 1　2007—2019 年全球重大恐怖袭击统计

年份	袭击次数	死亡人数	受伤人数
2007	14433	22737	66875
2008	11726	15734	49828
2009	10984	15324	47989
2010	8694	10126	34031
2011	5700	12533	22816
2012	6771	11098	21652
2013	9707	17891	32577
2014	13463	32727	34791
2015	11774	28328	35320
2016	11072	25621	33814
2017	8584	18753	19461
2018	8093	32836	22651
2019	8302	25082	19924

资料来源：Country Reports on Terrorism 2007 - 2016，https：//www. state. gov/j/ct/rls/crt/.

从表 1 - 1 中统计数据可以看出，恐怖主义在全球范围内仍然呈现泛滥之态，虽然在美国的《2015 年国别反恐报告》中提出，2015 年下半年，全球恐怖袭击的次数以及伤亡人数在经过连年上升之后首次大幅下降，但是，这并不能反映出各国、各地区遭受的恐怖袭击都呈现下降趋势，例如，2015 年阿富汗遭受的恐怖袭击就较前一年度有较大上升。因此，世界范围内的反恐形势仍然严峻，恐怖主义仍是人类社会的巨大威胁。

欧洲刑警组织《2016 年欧盟反恐形势与趋势报告》中显示，2015 年欧盟成员国遭受恐怖袭击的事件多达 211 起，这是自 2006 年开始做此报告以来，欧盟受到恐怖袭击最多的一年。2015 年的恐怖袭击发生在英国、法国、丹麦、意大利、希腊、西班牙等六个欧盟成员国，其中受到恐怖袭击最多的是英国，多达 103 起，其次是法国，恐怖事件达 72 起。而在 2015 年欧盟恐怖袭击事件的被捕者中，绝大部分是“圣战恐怖分子”。报告中特别对在欧盟成员国发生的极端主义犯罪情况进行了统计，2011—2015 年，欧盟发生的极端主义犯罪增速迅猛，特别是

2014—2015 年，犯罪发生数、涉罪人数几乎翻倍增加。近年来欧盟涉及“圣战”的恐怖主义犯罪中，受到逮捕或羁押的人员数量统计如图 1－1 所示：

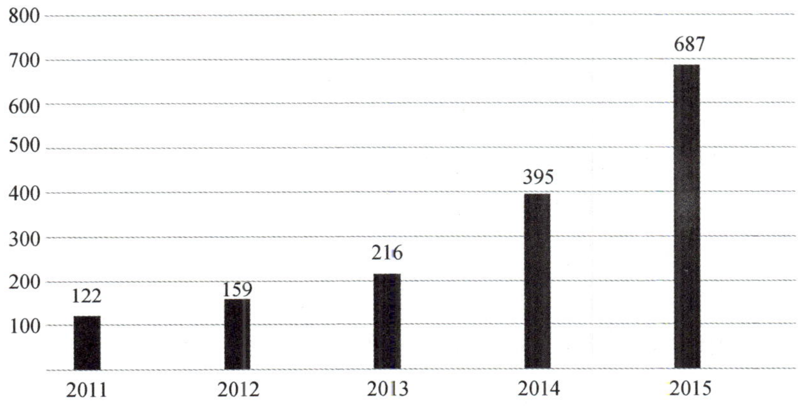

图 1－1　2011—2015 年欧盟涉圣战恐怖犯罪被捕人数

资料来源：Figure：Number of Suspects Arrested for Religiously Inspired/Jihadist Terrorism 2011 to 2015，European Union Terrorism Situation and Trend Report 2016。

从全球总体形势上看，国际性的恐怖组织形成了彼此竞争或结盟扩张的局面，恐怖袭击的热点地区从中东、南亚的个别国家，扩张到了美洲、欧洲、非洲等更广泛的区域，近年来特别是在英国、法国等发达国家的中心城市，遭受恐怖主义犯罪威胁的风险急剧增加。而近年来，恐怖组织中的极端倾向日益显著，宗教极端主义与民族分裂主义已经成为当代恐怖主义的核心思想与鲜明特征。当今蔓延最广、发动恐怖袭击事件最多、破坏最为广泛的恐怖组织当属伊斯兰教极端组织“伊斯兰国”，它近些年来迅速崛起壮大，宣称建立“伊斯兰国”，呼吁穆斯林们追随该组织的领袖人物，煽动“圣战”来实现其政治图谋以及反人类、反社会的极端目标。以“伊斯兰国”为代表的恐怖组织，近年来还广泛借助互联网来宣传与实施恐怖主义犯罪，广泛利用社交媒体以及其他新技术手段进行宣传、组织、动员、策划行动、筹集资金等工作，给世界各国带来了巨大的安全威胁，也给恐怖主义犯罪的防范与打击工作带来了新的挑战。

（二）国内恐怖主义犯罪

我国国内的恐怖主义犯罪态势也十分复杂严峻。目前，我国面临的最主要威胁来自于“东突厥斯坦伊斯兰运动”，这是一股与国际恐怖组织相勾结的旨在分裂中国的恐怖势力，兼具分裂主义与极端主义色彩。“东突”早在2002年就被联合国列入了世界最具威胁的恐怖组织名录，也是中国政府认定的第一个恐怖组织。2002年我国政府发布的《“东突”恐怖势力难逃罪责》白皮书中，以充分的事实和证据揭露了“东突”恐怖组织的罪恶本质，声明了中国打击恐怖主义犯罪的坚定立场。[①] 2014年我国官方发布了《恐怖主义的网上推手——“东伊运”恐怖音视频》电视专题片，指出近年来恐怖活动尤为严重，新疆地区成为我国暴恐犯罪的高发区，臭名昭著的“东伊运”既是中国境内多起恐怖活动的主要组织者，也是国际恐怖活动的重要参与者，“东伊运”与国际恐怖组织高度相关、难分彼此。跟随着互联网与新兴技术的发展脚步，“东伊运”组织也通过互联网发布恐怖音视频，借助网络宣传极端思想，策划组织暴力恐怖袭击，煽动激进分子的加入。“东伊运”分子通过境外恐怖网站、自建网站、免费网络硬盘，以及分享于社交平台、电子书等形式进行极端思想的传播与暴力恐怖活动的煽动。相对于派人潜伏入境等传统宣传手段，运用互联网成本低、风险小、速度快；形成了网上传播、网下实施，境外煽动、境内实施的新渠道。[②]

三、恐怖主义犯罪的特征

任何事物都具有许多不同于其他事物的属性，同类事物所具有的共同属性，即为该类事物的特征。相比于其他类型的犯罪，恐怖主义犯罪在目的上以及行为手段上都有一定的特殊性，加强对恐怖主义犯罪特征

---

① 参见国务院新闻办公室：《“东突”恐怖势力难逃罪责》，人民网，http：//www.people.com.cn/GB/shizheng/3586/20020121/652705.html。（上网时间：2018年5月11日）

② 参见国家互联网信息办公室：《恐怖主义的网上推手——“东伊运”恐怖音视频（视频资料）》，央视网，http：//news.cntv.cn/2014/06/24/ARTI1403575644096677.shtml。（）上网时间：2020年1月6日

的理解，可以更好地认知恐怖主义犯罪，有利于防范与打击恐怖主义犯罪。

首先，从犯罪目的上看，恐怖主义犯罪以某种政治或社会目的为追求，具有政治图谋是恐怖主义犯罪与其他普通的暴力犯罪的主要区别。如果犯罪分子实施的犯罪活动仅仅是在行为上符合运用暴力手段等特征，而却没有想要达成的政治或者社会目的，那么只能将其认定为普通的暴力犯罪，而不能将其判定为恐怖主义犯罪。

其次，从犯罪手段上看，我国官方将宗教极端势力、民族分裂势力、暴力恐怖势力称作三股势力，这三股势力之划分只是出于其侧重表现的不同，而三者之间是有相互杂糅的部分的，宗教极端问题与民族分裂问题往往相伴相生，宗教极端主义犯罪与民族分裂主义犯罪常常都会用到暴力手段，又都表现出了暴力恐怖的形式。例如，极端主义犯罪利用宗教外衣，煽动宗教狂热，利用信众的虔诚，具有鲜明的伪宗教色彩以及明显的宣扬性。这是极端主义犯罪与民族分裂主义犯罪等其他类型的恐怖主义犯罪的主要区别之所在。但是，对于恐怖主义犯罪的类型划分并没有绝对的界限。

再次，从犯罪行为上看，恐怖主义犯罪行为表现出极端暴力性，具有很大的社会危害性，应受到必要的防范与处置。恐怖主义犯罪是一种严重危害社会的、需要由国家和社会采取必要的措施加以防范与处置的行为，不能只将其作为意识形态问题或者政治问题看待，而是要用政治立场来判断、用道义来谴责，还要用法律来惩罚与规制。而极端暴力性是恐怖主义犯罪的重要特征，恐怖主义势力宣扬极端思想，利用暴力或者变相的暴力手段，组织煽动严重危害国家安全、破坏社会稳定、损害人民生命财产的罪恶行径。

四、恐怖主义犯罪的危害

犯罪现象可谓是社会的毒瘤，犯罪会造成广泛的负面影响，造成直接或间接的资源消耗、经济损失，危害社会的和谐安宁与有序运转；恐怖主义犯罪这种涉及地域广泛、人员众多的极端恶性犯罪则更是有百害而无一利。

第一，恐怖主义犯罪阻碍世界和平与发展进程，是人类的公敌。1985 年邓小平同志在对世界现状与发展前景进行了深入分析后，提出了和平问题与经济问题，或者说发展问题，是世界上真正的大问题，是全球性的战略问题这一重要论断。[①] 当今世界，和平与发展是时代主题，是世界各国的共同关切，也是各国人民的根本利益之所在，维护和平是全世界的共同责任，促进发展是各个国家的共同追求。而恐怖主义势力企图在世界范围内宣扬与激化矛盾，大肆制造骇人听闻的暴力极端事件，对世界和平造成极大的危害，对各国发展形成现实的阻碍。

第二，恐怖主义犯罪企图分裂国家，危害国家安全。国家安全是整个国家和民族生存与发展的基础环境，包括国家主权和领土完整不被侵犯，国家秘密不被窃取、泄露和出卖等方面。而恐怖主义犯罪有着不当的政治或社会图谋，一国境内外恐怖组织相勾结，企图分裂国家、破坏国家统一、损害国家政权稳定。维护国家利益，就应当维护国家统一与民族尊严，拥护国家的民族、宗教等各项政策，团结一致同违法犯罪行为作斗争。

第三，恐怖主义犯罪危害社会和谐与稳定，损害人民生命财产安全。仅以英国为例，2017 年 3 月 22 日，英国议会大厦附近发生枪击事件，致 5 人死亡 40 多人受伤，“伊斯兰国” 宣称对此负责，英国成为国际恐怖势力的袭击目标。紧随其后，5 月 22 日，曼彻斯特体育馆发生了自杀式爆炸袭击；6 月 3 日，伦敦桥附近接连发生两起暴恐袭击事件；6 月 19 日，伦敦北部又发生货车冲撞行人事件。短短 3 个月间接连发生的多起恐怖袭击造成众多无辜群众死伤，也给公私财产造成巨大损害，在民众中造成极大的恐慌情绪，民众的社会安全感急剧下降，对社会的和谐与稳定造成负面影响。

第四，恐怖主义犯罪危害宗教发展。恐怖主义犯罪分子大肆鼓吹极端思想，歪曲解读宗教教义，打着“宗教”的旗号制造非法活动，危害宗教的有序发展。宗教教义是宗教的核心思想体系，集中体现宗教文化的内涵，各大宗教教义不同，但无一例外都是引人向善的。极端主义却将其所从出的宗教教义刻意扭曲为支持其非法行动的纲领，这妨害宗

---

① 参见张毓诗：《世纪之交的国际关系》，时事出版社 2012 年版，第 55—56 页。

教的正常、有序发展。我国严厉打击极端主义犯罪，支持宗教按照与社会主义社会相适应的要求，对教规教义做出符合时代精神的诠释，鼓励宗教界发挥积极作用，促进宗教的健康有序发展。

第五，恐怖主义犯罪危害民族团结。民族问题十分复杂，世界各国都有自己的民族，不同的民族有一定的分布区域也有一定的信仰体系。以我国为例，我国幅员辽阔，自古就是一个多民族的国家，56 个民族在地理分布上大杂居、小聚居、交错杂居，在宗教信仰上也受到一定的地域影响，大体上呈现出分布在一定区域的少数民族共同信仰某一宗教的特点。恐怖主义犯罪分子利用少数民族群众对于民族与宗教的朴素情感，鼓吹极端思想，肆意丑化其他宗教与其他民族，制造民族隔阂，挑唆民族矛盾，破坏民族团结。

第六，恐怖主义犯罪冲击主流价值观，毒害民众思想。例如在我国，以“东伊运”为代表的境内外极端主义势力相互勾结，恣意散步反人类、反社会的极端言论以及音视频资料，妄想以其邪恶反动的思想毒害更多的人。如今，世界主流价值观念与恐怖主义在思想领域也开展着一场旷日持久的战斗，而防范与打击恐怖主义犯罪，不仅仅在于与恐怖主义争夺现时的话语权，更需要的是全世界目标一致、达成合作、共同应对，为争取未来人类社会的和平与安宁付出努力。

第二章　恐怖主义犯罪侦防的理论依据与原则

第一节　恐怖主义犯罪侦防的理论基础

理论与实践是辩证统一的关系，人们对自然界与人类社会的事物及其发展演变规律进行归纳总结，寻找出其中的客观规律，上升至理论认识的高度，进而再用理论来指导实践活动并接受实践的检验。具体到侦查学研究领域，一方面，相关的犯罪学、法学、社会学等基础理论要能够指导侦查与防控犯罪的实践，与侦查实践相契合并接受实践的验证、随实践的发展而发展；另一方面，经过各方面长期实践检验的理论具有普适意义，对于侦查学理论的上层构建具有一定的导向作用。

一、恐怖主义犯罪侦防的价值基础

法的价值体现出法对人类社会的积极作用，同时也反映出法的这些作用之间的冲突与平衡以及人在面对不同情况时的价值取舍。处于社会中的人的需要是多种多样的，因而，法的价值也是丰富多元的，法的价值主要涉及自由、秩序、正义、效率、人权保障等方方面面，不同维度的法的价值之间必然会出现矛盾与冲突，这就进一步要求人类社会权衡与协调自身的各种需求，以实现法的总体价值最大化为目标，对法的价值进行整合与平衡。

恐怖主义犯罪侦防的合理性来源于侦查与防控的基本价值。侦查价值指的是侦查活动在证明案件事实方面的功效，以及良好的侦查程序自身所具有的积极意义；前者即侦查的外在价值，涵盖了搜集证据、查清案件、确定犯罪嫌疑人和保障无罪者不受法律追究等四大方面；后者即侦查的内在价值，主义体现在秩序、正义和效益三大方面。① 而犯罪防控顾名思义是对犯罪行为的预防和控制，可按与犯罪发生的先后顺序将其划分为在犯罪前的预防、犯罪中的控制以及犯罪后的处置与矫正；犯罪防控所追求的内在价值同样包括秩序、正义、效益、人权等方方面面，与侦查价值有着深刻的一致性。

首先，秩序是恐怖主义犯罪侦防的首要价值追求。社会秩序是维系人类社会健康发展的纽带，法律秩序是由法律所确立、上升为法律规范并受到法律的强制力维护的特殊的社会秩序，也是社会成员应当遵循的最基本的秩序。法的秩序价值在法的众多价值中处于基础地位，落实法的秩序价值、维持稳定的社会秩序是法的其他价值得以实现的先决条件，法的任何价值的实现都离不开法的秩序价值的确立。② 侦查是刑事司法的首要环节，肩负着搜集与调取涉嫌案件的证据材料、查明案件事实、查获犯罪嫌疑人的重要使命，维护良性运转的法律秩序、恢复业已遭到破坏的社会秩序是侦查孜孜以求的价值目标。在侦查的内在价值体系中，秩序、正义与效益三者是有一定的位阶差异的，秩序价值是上位概念、是侦查的首要价值追求；正义价值则是从处于刑事诉讼中的侦查程序自身出发所应当具备的价值目标；而效益价值是为了保障秩序与正义价值的实现所进一步追求的目标；因此，当侦查的内在价值产生冲突时，必然需要一定的权衡与取舍，要秉持秩序、正义优先兼顾效率的原则。③

其次，正义是恐怖主义犯罪侦防的基本价值目标。正义是人类社会不懈的追求，然而究竟何为正义，却是一个深奥的哲学命题。正如博登海默所言，“正义有着一张普洛透斯似的脸，变化无常，随时可呈不同形状并具有极不相同的面貌”，人们至今都难以对正义

① 参见杨宗辉：《侦查学总论》，中国检察出版社 2009 年版，第 57—73 页。
② 参见周旺生：《论法律的秩序价值》，《法学家》2003 年第 5 期，第 33—40 页。
③ 参见杨宗辉：《侦查学总论》，中国检察出版社 2009 年版，第 77 页。

达成一致的认识。① 在刑事诉讼中，从正义与主体的利益关系角度出发，可以将正义分为实体正义与程序正义。因此，侦查的正义价值，也就包含了实体正义价值与程序正义价值两个方面，也就是说，侦查活动不仅要追求结果的公正，还要追求过程的正义，这是良好侦查程序自身的内在要求，也是侦查活动的价值追求。② 侦查活动就是在一定的法律法规的程序性规范之下，查获犯罪嫌疑人以实现对于受害者和无辜群众的正义、查清犯罪事实以实现对于被破坏的社会秩序的正义的动态过程。侦查活动本身是对社会秩序与正义的修复，而案件的成功侦破，一方面，会为后续的审查起诉、审判以及执行活动打好基础，使犯罪嫌疑人获得应有的惩罚，使法律的权威得以维护，达到良好的法律效果；另一方面，也会使遭受到侵害的社会秩序得到一定程度的修复，给被害人及相关群众以心理上的慰藉，使社会风气得到净化，实现良好的社会效果。

再次，效益是恐怖主义犯罪侦防的重要内在价值。侦防的效益反映的是在侦查与防控活动中，侦防投入与收益的关系。其中，侦防的投入主要是侦查与防控主体为侦破某一案件、预防与控制某类犯罪，所陆续投入的人力、物力、财力和时间成本；而侦防的收益，主要指的是在投入成本之后所取得的良好法律效果和社会效果。以侦查效益为例，在一项犯罪行为发生之后，公安司法机关在案件符合立案条件时，会积极调动各方力量，对案件进行侦破，这就需要投入各种成本。侦查活动想要实现良好的法律效果和社会效果，必然需要以一定侦查效益的实现作为保障。这是因为，一方面，“迟到的正义非正义”，刑事案件发生之后，国家追诉机关需要尽可能快地对案件加以处置，恢复业已遭受破坏的社会关系，否则，冗长无果的公力救济既给被害者带来莫大的煎熬，也使国家机关的公信力遭到严重削弱；另一方面，在一定历史条件下，侦查机关的力量与可支配的资源都具有一定的局限性，因而，对任何案件的侦查活动都不可能无条件、无限制的一直开展下去，这就要求我们必须适时注重侦查效益，节约侦查

---

① 参见［美］E. 博登海默：《法理学：法律哲学与法律方法》，邓正来译，中国政法大学出版社 2004 年版，第 261 页。

② 参见杨宗辉：《侦查学总论》，中国检察出版社 2009 年版，第 69—70 页。

成本，合理配置侦查资源。

二、恐怖主义犯罪侦防的法理基础

谦抑思想渊源深厚，早在200多年前，孟德斯鸠就提出，治理人类不需要用极端的方法，我们对于自然给予的领导人类的手段，应当谨慎地使用；如果我们研究人类社会之所以产生腐败的根源的话，就会发现，这都是因为对犯罪不加以处罚，而不是因为刑罚的宽和。[①]随着人类社会法治理念的成熟与对犯罪问题研究的不断深入，刑事司法呈现出谦抑化的发展趋势，刑事立法与司法都越来越文明、轻缓、宽容。谦抑理念受到各法治国家的普遍认同，也得到国际社会的广泛推崇。

随着刑事一体化的深入发展，谦抑思想逐步在整个刑事司法研究领域得以贯彻。谦抑意味着要谨慎、慎重，即力求用较小的社会代价来完成某一社会任务，在可以用较为轻缓的方式解决问题时优先选用较为轻缓的方式，在必要情况下方可采取更为严厉的方式。具体在刑法领域中，谦抑性原则指的是当违法犯罪行为发生时，只有在穷尽调解、和解、民事诉讼等其他处置手段仍然无法达到惩戒效果时，才能考虑适用刑罚；而在适用刑罚时，当且仅当采取较轻的措施或手段无法奏效时，才能采取较重的措施或手段。[②] 刑法的谦抑性最终表现为刑罚结果的谦抑，而刑罚谦抑结果的出现必然需要谦抑的诉讼程序作为保障。谦抑理念引入刑事诉讼中，有利于遏制刑事司法实践中有罪推定、暴力取证、滥用强制措施等不当行为，规范贯彻刑事诉讼的无罪推定、程序法定等基本原则，引导刑事司法从野蛮、严厉到文明、谦抑的转变。具体而言，从历史维度看，谦抑化是刑事诉讼法律规范发展的必然趋势，刑事诉讼自产生时起，就是沿着由野蛮到文明、由严酷到仁和的道路发展的；从理念维度看，谦抑性是刑事诉讼的价值追求，对刑事立法以及司法活动都具有导向作用；从制度维度看，无论刑事诉讼法的制定或修

---

① 参见［法］孟德斯鸠：《论法的精神》，许明龙译，商务印书馆2012年版。

② 参见廖斌：《技术侦查规范化研究》，法律出版社2015年版，第26页。

改，还是刑事司法过程中，都以谦抑理念为切实引导，制度的制定与执行都强调合法化与合理化的结合。①

谦抑理念在对犯罪的侦查与防控领域也得到充分体现。一方面，侦查所要完成的收集调取证据材料、查清案情、确认犯罪嫌疑人等任务都要求达到充分、全面、准确、合法等标准；并且侦查权是一种具有国家强制性的公权力，要以法律的明确授权为权力实施的前提条件，因此侦查活动要遵循严格的程序性规范；无论对侦查活动的实体性要求，还是对侦查活动的程序性限制，都反映了侦查活动在追诉犯罪时不仅仅是在追求犯罪打击与控制的效果，还是在无罪推定原则与谦抑性原则的导引之下寻求侦查价值的动态平衡。当然，在国家追诉犯罪的活动中，对于犯罪嫌疑人的权利的保障是具有相对性的，健全与保障嫌疑人的诉讼权利不能以牺牲国家整体利益、社会利益或者被害人的权益为代价。② 另一方面，要有效地遏制犯罪，单纯依靠犯罪追诉与刑罚的力量是远远不够的，还需要从减少犯罪机会、增加犯罪风险等犯罪预防的角度来着力，方能更好地控制犯罪。刑事一体化是刑事法律领域以及相关实务活动的基本理念，对刑事司法活动应当整体而观之，在宏观上进行整体哲理思考和社会价值评判；具体到侦查学研究领域，就是要在侦查之中、侦查之外以及侦查之上来研究侦查。③ 我们将刑事一体化的思路引入对宗教极端主义犯罪侦防问题的研究中，从侦查活动本身出发，进而将关注点拓展到与侦查相关的其他刑事司法活动以及社会问题上，对恐怖主义犯罪的侦查与防控进行一体化研究。将侦查与防控相结合，在有犯罪苗头萌生的可能时就先做好犯罪风险防控，防止其突破临界状态，杜绝更坏的结果发生，是对社会秩序以及大众的前瞻性保护，也是对犯罪嫌疑人的及早挽救，阻止其滑向犯罪的深渊、受到更为严厉的处置，这也在一定程度上体现了谦抑理念。

---

① 参见王方：《羁押替代性措施研究》，中南财经政法大学博士学位论文，2014 年，第 27 页。

② 参见杨宗辉：《侦查学总论》，中国检察出版社 2009 年版，第 74—78 页。

③ 参见杨宗辉：《侦查学研究方法的拓展——以“刑事一体化”思想为视角》，《武汉公安干部学院学报》2009 年第 23 卷第 1 期，第 8—23 页。

三、恐怖主义犯罪侦防的社会基础

古希腊哲学家柏拉图最早提出了淳朴的社会防卫思想，他主张在"悔悟之家"收容并教育、改造那一部分可被改造的犯罪人。① 犯罪学中的社会防卫思想源自19世纪末期的犯罪学实证主义学派，其代表人物龙勃罗梭、菲利、加罗法洛等开创性地提出了与18世纪犯罪学研究最具代表性的古典学派截然不同的观点。古典学派的注意力集中于犯罪行为与犯罪责任，其关注的重点是个人与国家法律的关系。而实证主义学派把研究的焦点放在了犯罪人以及未来的危险性上，并提出要实现有效防卫社会免受犯罪侵害的目的，仅依靠对犯罪的惩罚是远远不够的，必须依照犯罪原因的不同原因为制，向注重社会利益和社会效果方向进行转变。菲利认为，古典学派所倡导的个人绝对自由是不存在的，犯罪除了受到个人意志的影响外，还受到各种因素的影响，因此，基于报应思想的古典刑罚应当被基于犯罪预防思想的个别化防卫措施所替代。② 李斯特则从保护法益的目的出发，明确指出公正的刑罚才是真正的刑罚，并且提出报应刑不是刑罚的唯一目的，刑罚还有教育和警示的作用，科处刑罚最主要的目的是对犯罪的一般预防和社会预防；在与犯罪的斗争中，尽管刑罚是十分重要的手段，刑罚也并不是唯一的手段，执行刑罚时要对不同人适用个别化原则，并且应当广泛运用保安处分或者预防性措施。③ 尽管实证主义学派的社会防卫思想论述并不充分，具有其历史的局限性，但这是犯罪学研究的历史性进步，也为人类社会与犯罪行为的博弈提供了新的思路。

新社会防卫理论以实证主义学派的社会防卫思想为基础，成型于19世纪下叶，以法国的安塞尔和意大利的格拉曼迪卡为代表人物。受到特定历史状况的影响，新社会防卫理论表现出时代的特殊性，新社会

---

① 参见康树华：《新社会防卫论评析》，《贵州社会科学》1992年第2期，第6—10、5页。

② 参见［英］恩里科·菲利：《犯罪社会学》，郭建安译，中国人民公安出版社2004年版。

③ 参见［德］冯·李斯特：《论犯罪、刑罚与刑事政策》，徐久生译，北京大学出版社2016年版，第5—7页。

防卫理论产生于第二次世界大战结束后，当时人道主义复兴，人权问题受到国际社会的普遍关注，萌生于这个时代的新社会防卫理论就有着鲜明的人道主义色彩，例如，安塞尔否定了实证主义学派忽视人的自由意志的观点，创造性地提出了“人道化的刑事政策”“社会防卫运动的人道主义”等概念。新社会防卫论思想内涵十分丰富，我们将其简要梳理归纳为以下几个方面：第一，新社会防卫论的核心思想是将打击犯罪的目的进行了新的解读，其认为与犯罪作斗争是为了保护社会及其成员，而不是为了惩罚犯罪人。但该理论并不是一味地批判古典学派、实证主义学派的既有观点，它吸收了以往学派的积极主张，例如，主张保留法制原则，维护国家的诉讼制度。第二，新社会防卫论认为犯罪是一种社会现象，而不仅仅是一个法律问题。该理论主张更加重视犯罪中的人的属性以及社会的属性，而非只关注犯罪的构成要件与可罚性。第三，新社会防卫论认为刑法与刑罚是为了保卫社会所服务的，而不是为了报应犯罪或是威慑犯罪。刑法应当能够唤起犯罪人的自信心、责任感等积极因素，合理引导犯罪人逐步迈向社会化。刑罚则应当以预防犯罪为目的，遵从人道主义精神，促进犯罪人重返社会。第四，新社会防卫论强调犯罪的个体预防，而不是一般性预防。这也就是说，无论刑罚还是保安处分的出发点都是预防犯罪，帮助犯罪人重新社会化是新社会防卫论的目的。[①] 新社会防卫论博采众长，对既往学派的一些对立冲突的观点纷争起到一定的调和作用，引导了刑事政策的人道主义倾向，对犯罪学及相关学科研究有促进作用，对世界各法治国家的刑事法制都有较为深远的影响。

研究恐怖主义犯罪的相关问题，最初的出发点与最终的目的都是打击与防控此类犯罪。犯罪防控是对犯罪行为的产生与发展的动态预防与控制，包括犯罪前的预防，犯罪中的控制以及犯罪后的处置。在对恐怖主义犯罪的侦防一体化研究中，也应当汲取新社会防卫论的精华思想，不仅要重视对极端恶性犯罪的打击力度，还应当注重对该类犯罪的预防与控制，以社会的适度控制来约束个人以及群体的行为。社会控制是防

---

① 参见康树华：《新社会防卫论评析》，《贵州社会科学》1992 年第 2 期，第 6—10、5 页。

范和打击犯罪行为的有效手段，但进行社会控制时要有度的考量，并非控制越严苛、力度越大就对遏制犯罪的效果越好，太过强力的社会控制不仅会使社会失去活力，还有可能造成社会的病态与反抗，无法形成稳定健康的社会关系。因此，在对恐怖主义犯罪进行防控时需要适度的社会控制，实现保护社会成员、维护社会稳定的价值目标。

第二节　恐怖主义犯罪侦防的刑事政策依据

刑事政策对于刑事法学的理论研究具有重要意义，对于刑事司法的实践也具有重要的指导价值，无论是对刑法学、刑事诉讼法学还是犯罪学、侦查学的理论或实务的研究，都离不开对刑事政策的考量。从国家整体格局看，刑事政策不仅仅是关于刑事立法与司法的方针、策略、制度等，也是社会公共政策的重要组成部分，与其他社会公共政策共同构成了国家的政策体系，共同映射着国家的意志。正如李斯特所言，“最好的社会政策，也就是最好的刑事政策”，犯罪现象并不是孤立存在的，而是伴随着人类社会的发展而不断变化的，防范与遏制犯罪也不仅是刑事司法领域的责任，还需要全社会的携手努力。

一、刑事政策的内容解说

（一）刑事政策的发展回顾

1803 年德国古典刑法学家费尔巴哈提出了“刑事政策”一词，特用其指代国家据以与犯罪作斗争的惩罚措施的总和。[①] 李斯特则将刑事政策表述为，国家借助刑罚以及与刑罚相关的教育、矫正等机构来与犯罪作斗争的原则的统称，而刑事政策是以对犯罪原因和刑罚效果的科学分析为基础的。[②] 随着时代的变迁与刑事法学研究的不断深入和细化，

---

① 参见［法］米海依尔·戴尔玛斯·马蒂：《刑事政策的主要体系》，卢望平译，法律出版社 2000 年版，第 1 页。

② 参见［德］冯·李斯特：《论犯罪、刑罚与刑事政策》，徐久生译，北京大学出版社 2016 年版，第 212 页。

各国学者对刑事政策的内涵与外延探讨纷纷，对于刑事政策的概念解读国内外理论界主要有广义说与狭义说两种观点。总体上来看，狭义说认为刑事政策特指刑事法律政策，包括刑法政策、刑事诉讼法政策、刑事执行政策以及犯罪人处遇政策等。[①] 而广义说则认为刑事政策指的是与犯罪防控相关的所有的社会公共政策，不论其是否以刑事法律为表现形式、是否以刑事类措施为手段特征，只要该公共政策具有犯罪防控价值就属于刑事政策的范畴。[②]

判断问题应当以其内容的本质属性与价值追求为根本依据，并结合一定的形式要件，而广义的刑事政策观以是否具有犯罪防控价值为界定标准，既包括思想观念的层面，也包括制度措施的层面，且更具有合理性。而一般来说，完全不涉及任何有关刑事立法、司法、执行等内容的社会公共政策，很难起到防控犯罪的作用，也就难以冠之以刑事政策之名。本书比较赞成的对于刑事政策定义的表述是，刑事政策是由国家制定或颁布的以预防、惩罚、遏制犯罪以及改造犯罪人为直接目的的各种策略、方针及措施、制度等。[③]

现代各法治国家刑事政策的发展在整体上呈现出了人文化与科学化的趋势。一方面，各国刑事政策在价值追求上，从起初单一追求犯罪打击效果，逐步转向寻求人权保障与犯罪防控的动态平衡，人本主义思想与谦抑理念得到国际社会的普遍认同，渐进贯彻到各国的刑事政策之中。另一方面，现代科学的飞速发展为侦查学、犯罪学以及刑事法学的发展提供了大量的实证经验，诸如生物学、心理学、行为科学等相关学科的研究方法与研究成果渗透到社会科学的研究领域，刑事政策的科学化促进了更理性、科学地对犯罪防控对策进行研究。

（二）我国现行刑事政策解读

对于刑事政策的内容、范围等问题，学者们有许多不同的解读。某学者提出，刑事政策可以按照属性划分为刑事法律政策和刑事综

---

① 参见魏东：《刑事政策原理》，中国社会科学出版社 2015 年版，第 23 页。

② 参见魏东：《刑事政策原理》，中国社会科学出版社 2015 年版，第 24 页。

③ 参见莫洪宪：《改革开放以来我国刑事政策总体评估和启示》，《东方法学》2008 年第 5 期，第 3—14 页。

合政策，刑事法律政策强调以刑事法律手段为核心，而刑事综合政策包括刑事法律手段以及各种相关社会措施。该学者继而指出，在我国现行刑事政策中，刑事综合政策是社会治安综合治理方针；刑事法律政策又可分为基本刑事法律政策，即宽严相济的刑事政策与具体刑事法律政策，即具体对刑事立法、司法、执行的某一环节有指导意义的刑事政策。[①] 本书认为，该观点基于对刑事政策的性质剖析来进行划分，对刑事政策的内涵与外延确定恰当且逻辑清晰，对刑事政策以及刑事法学的理论研究和刑事司法实践都有指导价值，我们赞成此种对刑事政策的分类方法。下面，就我国现行的刑事综合政策与刑事法律政策进行具体解读。

我国当前的刑事综合政策是社会治安综合治理方针。1991 年初国务院与全国人大常委会先后作出与通过了关于加强社会治安综合治理的决定，系统阐释了社会治安综合治理的工作目的、任务、组织领导体系、职责、意义等诸多问题，社会治安综合治理逐步迈向规范化。党的十四大将“社会治安综合治理”写入了《党章》，继而党的十五大、十六大、十七大都对社会治安综合治理进行了深入论述，各省、市相继出台社会治安综合治理条例，党的十八大报告更是强调深化平安建设，完善立体化社会治安防控体系。2015 年《加强社会治安防控体系建设的意见》出台，对社会治安防控网建设、提高治安防控体系的科技水平、完善社会治安防控运行机制等问题都予以细化规范。30 多年以来，社会治安综合治理已经成为我国惩治与预防犯罪的总方针，是我国各项刑事政策的统领性方针。

我国现行的基本刑事法律政策是宽严相济的刑事政策。宽严相济的刑事政策提出于 2005 年，强调对刑事犯罪要区别情况予以具体对待，既要严肃打击犯罪以维护法律的威严，又要尽量减少社会对抗以维护社会的安定团结。宽严相济的刑事政策克服了“严打”政策的流弊，顺应了刑事司法谦抑性的发展方向，也契合了和谐社会构建的理念，是时代的选择。

---

① 参见莫洪宪：《改革开放以来我国刑事政策总体评估和启示》《东方法学》2008 年第 5 期，第 3—14 页。

在我国的刑事法律政策体系中，除了对于刑事法律运行的各个环节均有指导意义的基本刑事法律政策外，还有一些特别针对某一环节的具体刑事法律政策。如对未成年人犯罪的刑事政策、对少数民族犯罪的刑事政策、死刑政策等等。

二、刑事政策对恐怖主义犯罪侦防的指导

刑事政策对刑事立法、司法、执行以及犯罪预防与惩治的方方面面都有指引意义，在恐怖主义犯罪侦防中，也要坚持我国的基本刑事政策与具体刑事政策的指导，态度鲜明、合理合法地打击与防范极端恶性犯罪。具体来看，我国刑事政策对恐怖主义犯罪的侦防主要提出了以下要求。

（一）对恐怖主义犯罪以严为主

宽严相济的刑事政策强调在对待犯罪问题时要结合整体社会形势和犯罪态势对具体的犯罪予以区别对待，要科学合理地使用从宽和从严两种方式，该宽则宽、当严则严、宽严有据、罚当其罪，教育、感化和挽救大多数，打击和孤立极少数，最大限度地减少社会对立，促进社会和谐稳定，实现法律效果和社会效果的统一。[①] 宽严相济中的“宽”是针对情节较为轻微、社会危害性较小的犯罪；而“严”则是针对罪行十分严重、主观恶性深重、人身危险性很强、社会危害性极大的犯罪分子。当前恐怖主义犯罪在国际社会呈现多发、频发的态势，在我国境内犯罪态势也十分复杂严峻，恐怖主义犯罪煽动信徒狂热，图谋实现不当政治或社会目的，行为表现出极端暴力性，具有很大的社会危害性，恐怖主义犯罪不仅危害社会和谐与稳定、损害人民生命财产安全，还对国家安全和政权稳定构成现实的威胁，阻碍世界的和平与发展进程。为了有效地预防与遏制犯罪，对待恐怖主义犯罪此类极端恶性的犯罪，必须坚决打击，坚持依法严惩严重刑事犯罪的方针不动摇，特别是对于恐怖主义势力中的首要分子、组织人员以及精心策划、煽动恐怖主义犯罪的

---

① 参见最高人民法院：《关于贯彻宽严相济刑事政策的若干意见》。

人员等主观恶性十分严重的要依法严惩不怠。对于一时受到恐怖主义思想蒙蔽而参与到犯罪活动中的青少年、在校学生等人身危险性较小、不至再危害社会的人员，应当本着教育、感化、挽救的方针，在进行严厉惩治的同时着力帮助其回归社会。

总而言之，对恐怖主义犯罪在刑事政策的指向上，整体上要坚持从重从严打击的立场，提升惩治恐怖主义犯罪的效能；同时也要强化恐怖主义犯罪处遇措施的教育、挽救、矫治功能，以实现帮助失足人员回归社会以及控制和预防犯罪的最佳社会效果。

（二）对恐怖主义犯罪零容忍

我国党和政府旗帜鲜明地坚决打击恐怖主义犯罪，对恐怖主义犯罪有诸多开创性表述。2014 年 5 月在上海亚信峰会上，国家主席习近平首次提出了必须对恐怖主义、分裂主义、极端主义这“三股势力”采取“零容忍”态度，树立亚洲新安全观，遏制输入性安全威胁，必须全面加强国际合作和地区合作，加大对“三股势力”的打击力度。①

零容忍强调对任何涉及恐怖主义的犯罪行为即便轻微也不予宽容。犯罪学中的“破窗理论”认为，如果放任已经产生的的不良现象的存在，就会引发人们对不良行为的模仿，导致新的、破坏性更大的不良行为的产生；就如同一幢建筑物，如果玻璃窗全部完好无损，几乎不会有人去故意砸坏玻璃，但如果有几扇玻璃窗破损又无人修缮，那么很可能后来者也效仿故意去砸玻璃。社会就如同这幢大楼，而犯罪就如同破损的玻璃，当有较为轻微的犯罪现象出现时，必须及时予以严厉的处置。特别是对恐怖主义犯罪此类对特定群体煽动性强的犯罪现象，要采取零容忍的态度，将任何犯罪的苗头扼杀在萌芽状态，避免社会危害的扩大化。美国在 20 世纪 80 年代大力进行毒品犯罪的控制时率先提出了“零容忍”（Zero Tolerance）政策，之后对于防止毒品和暴力进入校园、消除校园枪支等都采取了该政策，零容忍政策逐步深入了美国的社会治理

① 参见习近平：《积极树立亚洲安全观共创安全合作新局面》，新华网，http://news.xinhuanet.com/world/2014-05/21/c_126528981.htm。（上网时间：2020 年 1 月 10 日）

并取得良好的效果。[①] 例如，一贯被称作“犯罪之都”的纽约市的治安状况自 1994 年以来有了鲜明的改观，1994—1997 年，纽约的总体犯罪率降低了 37%，凶杀案件的犯罪率降低了超过 50%，达到近 30 年以来的最低点，社会治安状况明显好转。[②] 紧随其后，英国、墨西哥、法国等国家也纷纷吸收“零容忍”理念，注重将预防与遏制犯罪作为警务工作的首要目标，取得较好的治安效果；我国香港廉政公署也将“零容忍”运用于廉政建设中，其清廉指数跃居亚洲前列。[③]

（三）对恐怖主义犯罪综合防控

综合治理是我国的刑事综合政策，是处理社会治安问题的基本方针，也是防范和处置各类犯罪的有效途径。对恐怖主义犯罪的综合防控强调要综合各部门的力量，打、防、管、控多方结合，增强对恐怖主义犯罪的防控体系合力。面对恐怖主义犯罪，要在各级党和政府的统一领导与各级综治部门的部署与协调下，坚持打击、防范、教育、管理与改造相结合，广泛发挥法律、行政、经济以及文化等各种力量，惩治犯罪与预防犯罪并举，维护社会的稳定与团结。2014 年 4 月习近平总书记在中央国家安全委员会第一次会议上提出了“总体国家安全观”，其中涵盖了政治安全、国土安全、经济安全、社会安全、文化安全等 11 种安全，确立了国家安全综合治理的价值理念，引领国家安全问题的方方面面，同样引领恐怖主义犯罪的侦防工作，在应对恐怖主义犯罪时要综合使用法律、经济、文化等多种手段来整体提升侦防工作的效能。

综合打击与防范恐怖主义犯罪，不仅是我国犯罪防控工作的必然要求，也是国际社会应对恐怖主义犯罪的共同要求。当今国际社会的安全问题十分庞杂纷乱，既有暴力恐怖与有组织犯罪、跨国犯罪问题，又涉及诸多环境安全、资源安全、网络安全等非传统领域的安全问题，并且各种热点敏感问题时有出现，各种威胁相互交错。冷战后期国际社会提

---

① DarciaHarris Bowman：Interpretationsof “zero tolerance” vary ［J］. EducationWeek, Washington：vol. 21. Iss. 30，2002，P1，P13.

② 参见王世洲、刘淑君：《零容忍政策探析》，《中国人民公安大学学报（社会科学版）》2005 年第 4 期，第 68—77 页。

③ 参见王世洲、刘淑君：《零容忍政策探析》，《中国人民公安大学学报（社会科学版）》2005 年第 4 期，第 68—77 页。

出了非传统安全观，主张综合考量历史问题与现实状况，树立共同安全与合作安全的新观念。1995 年在东盟地区论坛上我国首次提出了新安全观，并在之后的几年间不断予以深化阐述，系统形成了以互信、互利、合作为基础的超越了单方安全范畴的全新安全理念。2014 年 3 月习近平主席在海牙安全峰会上正式提出了以“共同安全、综合安全、合作安全、可持续安全”为基本要义的“亚洲新安全观”，从历史维度与现实维度全盘考量亚洲的安全问题，找到问题的源头与关键，并且要统筹规划、多方施策、综合治理，协力推进区域安全治理、应对区域安全威胁。

第三节　恐怖主义犯罪侦防原则

恐怖主义犯罪的侦防原则是在应对此类犯罪时侦查工作所要遵循的基本行为准则。打击与防范恐怖主义犯罪不是一朝一夕之功，而是一项长期且艰巨的任务，实践中制定的具体措施在面对突发复杂状况时可能会有力不从心之处，现时的措施随着社会的不断发展不断变化，而基本原则可以为恐怖主义犯罪的侦防实践奠定行为基础，不论现实状况如何变化，坚持侦防原则指引下的侦防实践都不会偏离正确的方向。

一、法治原则

司法权与行政权等国家权力都来源于公民对自身部分权利的让渡，维持公权力与私权利的平衡状态是法治国家孜孜以求的目标。法谚“法无授权不可为，法无禁止即自由”一方面强调国家公权力的运行需要有法律的明确授权，否则就存在着侵犯公民私权利的可能；另一方面对于公民权利来说，只要没有触碰法律的禁止性规定就是可为的。十八届四中全会提出了全面推进依法治国的总目标，依法而治是我们治国理政的基本原则，触及公权力行使与私权利运行，关乎社会生活的各个方面。在对犯罪的处置与预防工作中，既要求有法可依、依法行政、公正司法，还要求加强法治队伍建设、提高全民法治素养，形成全社会同心合力防控犯罪的理想状态。

恐怖主义犯罪的侦防工作涉及司法、行政等诸多公权力机关，涉及经济、文化、外交等，权力法定原则要求宗教极端主义犯罪的侦防工作要依法进行，做到有法必依、执法必严，既严厉惩治与防范恐怖主义犯罪又有效保障公民的合法权利不受侵犯，实现权力运行与权利保护两大价值目标的动态平衡。具体而言，在对恐怖主义犯罪的侦查过程中，从立案、侦查直到破案都要严格遵循刑事诉讼法及其他相关法律、法规的规定，既要追求实体正义，又要关注程序正义，特别要注意在运用技术侦查等特殊侦查手段时、获取证据时等关键节点的程序合法性。就恐怖主义犯罪的防控体系构建而言，当前我国治安防控的各项系统正逐步纳入法治轨道，而法律化与制度化能够显著提升预防与控制犯罪的实效，保障恐怖主义犯罪防控的有效性。另外，对于恐怖主义犯罪侦查与防控实践中所遇到的基本法律、行政法规尚存疏漏之处，也要遵从权力法定原则，依据相关法律的规定进行授权与监督，不能偏离法治的正确方向。

依法而治不仅是我国恐怖主义犯罪侦防的基本准则，也是国际社会应对恐怖主义犯罪的基础规则。2003 年起以英国、美国为主的国家未经联合国安理会授权使用军事手段打击恐怖主义，发动伊拉克战争，使得中东地区广大无辜平民的生命与财产受到巨大损失，其行为在打击恐怖主义的同时一定程度上也成为恐怖活动的实施者，不仅未能消除恐怖主义反而使得国际社会弥散着动荡不安的气氛，其行为的合法性与合理性都受到国际社会的普遍质疑。因此，对恐怖主义犯罪、分裂主义犯罪、极端主义犯罪的打击行动要纳入法治范畴，遵循国际法与国内法的相关规定，坚持权力法定，反对以暴制暴。

二、标本兼治原则

恐怖主义的产生有着极其复杂的根源，随着经济全球化的快速发展以及信息技术的日新月异，财富越来越源源不断地流入掌握先进技术与经济话语权的国家，发达国家与发展中国家的差距不断拉大，部分发展中国家逐步落后，不公平的国际政治经济秩序在一定程度上引发了落后群体的不满，他们煽动分裂主义、极端主义，企图重新构建于其有利的政治、经济格局。冲突与动荡是产生恐怖主义的土壤，贫穷与落后是滋生恐怖主义的温床，打击与防范恐怖主义犯罪，仅仅致力于事后的处置是远远不够的，需要综合政治、经济、外交等手段多方施策，查摆与预防并重，在源头上防止恐怖主义的滋生蔓延。

早在2002年党的十六大就明确提出了应对恐怖主义要标本兼治、重在治本，努力消除产生恐怖主义的根源。在随后的十几年间，“标本兼治”的提法屡次重申、论述不断深化，在2013年8月国家反恐怖工作领导小组第一次全体会议上，公安部部长、反恐工作领导小组组长郭声琨强调在反恐工作中要立足当前、着眼长远、标本兼治、综合治理，“标本兼治”已经成为应对恐怖主义犯罪的基本原则。2015年11月，二十国集团领导人第十次峰会召开前夕法国巴黎遭遇恐怖袭击，在此背景下，反恐成为此次峰会的热点议题，二十国集团领导人纷纷表示各国作为全球经济治理的战略合作伙伴，也应当为世界和平贡献力量。在随后的金砖国家领导人非正式会晤上，习近平主席倡议各国要强化协调与互相支持，共同应对各种全球性的挑战，国际社会携起手来，依照联合国宪章的宗旨和原则以及公认的国际关系基本准则，加强反恐合作，并特别强调要注重标本兼治，不搞双重标准。

在标本兼治的关系中，治标是治本的必由途径，治本是治标的最终目标，重点在于治本，而恐怖主义犯罪之本在于其恐怖主义思想、物质资金来源以及组织的核心人员。① 我国2016年1月起实施的《反恐怖主义法》将反恐纳入国家安全战略，将“综合施策，标本兼治”写入《反恐法》总则，并强调反对以歪曲宗教教义为手段企图煽动宗教仇恨或歧视、鼓吹暴力等极端主义行径，力求消除恐怖主义的思想之本；强调联合反洗钱部门、金融机构、财税部门、海关等加强监管，反恐怖主义融资，阻断恐怖主义的物资之本；这些细化规定都是对“标本兼治”原则的进一步诠释。

---

① 参见王秀梅、赵远：《当代中国反恐刑事政策研究》，《北京师范大学学报（社会科学版）》2016年第3期，第136—147页。

三、积极主动原则

在2013年8月的国家反恐怖工作领导小组第一次全体会议中，公安部部长、国家反恐怖工作领导小组组长郭声琨提出，应对恐怖主义犯罪要坚持打早打小、露头就打的原则，下好先手棋，打好主动仗，积极预防、综合治理，最大限度地将暴力恐怖活动摧毁在行动之前。[①] 2014年4月，习近平总书记在新疆考察时提出希望广大人士发扬爱国爱民的传统，旗帜鲜明地反对极端主义，给予恐怖主义势力“毁灭性的打击”，对暴力恐怖活动，要打早、打小、打苗头，以迅雷不及掩耳之势、用铁的手腕予以毁灭性打击，对穷凶极恶的恐怖活动，要出重手、下重拳，先发制敌。[②] 在紧随其后将近一年间，我国新疆地区开展严厉打击暴恐活动的专项行动，新疆公安机关摧毁暴力恐怖团伙181个，其中96%被消灭于预谋阶段，112名在逃人员在亲人规劝和政策感召下主动投案自首，专项行动重拳出击、先发制敌，极大震慑了暴恐团伙和恐怖分子，维护了人们的生命财产安全，取得较好的社会效果。[③] 先发制敌要求我们扼杀犯罪的苗头，把犯罪现象控制、消灭在萌芽中，防止犯罪征兆或较为轻微的违法犯罪现象演变发展为恶性恐怖事件、大规模的群体性事件，切实强化立体化治安防控体系的作用，加强对恐怖主义犯罪的综合防范与快速处置能力，维护社会稳定。

积极主动原则还要求注重风险防控，把恐怖主义犯罪发生的风险扼杀在萌芽状态。在犯罪现象等严重的社会问题产生、泛化、恶化之前，就已经出现了许多征兆，侦防工作坚持先发制敌、保持主动原则，就是要对这些犯罪的苗头积极采取针对性措施，将其扼杀在摇篮中，防止其积累扩散、突破临界状态。面对恐怖主义犯罪的猖獗之态，各级公安机关、司法机关要认清当前形势的紧迫性、复杂性与危险性，增强风险意

---

① 参见《郭声琨在国家反恐怖工作领导小组第一次全体会议上强调》，中华人民共和国公安部网站，http://www.mps.gov.cn/n2255053/n5147059/c5166838/content.html。（上网时间：2020年1月10日）

② 参见习近平视察驻疆部队：《要求给暴恐势力毁灭性打击》，中国网，http://news.china.com.cn/2014-05/02/content_32262513.htm。（上网时间：2020年1月10日）

③ 参见兰泽东：《新疆一年打掉暴力恐怖团伙181个》，《人民公安报》2015年第5期。

识，做好风险防控工作，应对犯罪问题要主动出击、提前防范，集中排查“何时、何地、何人、何事、何物、何情、何故”等方面的风险点，积极采取有效措施进行犯罪预防与控制，防止影响公众安全和社会稳定的恶性犯罪现象的发生，不断提升应对恐怖主义犯罪的水平。

四、防范为主、惩防结合原则

防控犯罪与惩治犯罪是对立统一的关系。就二者的共同之处来看，无论对犯罪进行防控还是处罚，都是应对社会违法犯罪现象的有效方式，其目的都是为了与违法犯罪行为作斗争，保护公众的合法权益，维护社会的长治久安。就二者的区别来看，犯罪防控着眼于犯罪发生前，是一种事前措施，主要针对的是尚未发生的犯罪，通过采取对犯罪发生的风险研判与控制、限制犯罪机会的情景预防、宣传普及知识的社会性预防活动等，来减少或消除犯罪的原因以及条件，以达到削减或遏制犯罪发生的目的；而犯罪惩治则立足于犯罪行为发生之后，属于事后措施，主要针对的是已经发生了的违法犯罪行为，对其予以查摆、处置，使不当行为受到应有的惩罚，使违法犯罪者受到法律与社会的处罚与规制。其中，对犯罪进行有效的防控是刑事司法相关理论研究与实务工作的逻辑起点和最终归宿，实现有效的犯罪预防、达到社会安定有序的良好状态是刑事司法以及社会治安防控孜孜以求的目标。此外，对犯罪进行处置也不仅仅是一种事后惩罚手段，其在一定程度上也具有预防犯罪的功能，既是对违法犯罪者进行处罚与矫治，防止其再次走上违法犯罪道路，又是对他人的教育与警示，以处罚的威慑力来实现预防犯罪的目的。由此看来，犯罪是与人类社会相伴相生的一种社会现象，犯罪防控与犯罪惩治都有十分重要的作用，如果片面强调犯罪预防，过分夸大犯罪预防的效果，试图实现零犯罪的理想状态，是无法实现的，诚如迪尔·卡姆所言，犯罪在任何社会都是一种正常现象，想要彻底消灭犯罪是不可能的。而如果片面强调打击犯罪，在犯罪发生之后才采取被动行动，那么社会治安状况就无法真正好转，社会运行难以达到稳定安宁的状态。因此，面对犯罪问题应当惩防并重，防范为主，惩防结合，多措并举，多方施力，与违法犯罪现象进行有效斗争，加强对各类犯罪的侦防攻坚能力。

就恐怖主义犯罪侦防工作而言，应当坚定以预测、预警、预防来筑牢反恐怖主义犯罪的第一道防线，以侦查、起诉、审判、执行等刑事司法环节来守住反恐怖主义犯罪的最后一道防线。面对当前恐怖主义犯罪科技化、有组织化、跨区域化等新变化、新特点，侦防工作应当在法治思维的指引下坚持改革创新，一方面，侦查工作要联合多方力量，加强跨地区、跨部门、跨警种合作，充分合理合法地利用情报信息系统、监控系统以及通信公司、大数据公司等的信息资源支撑，将对大数据资源的收集、整合与运用作为打击犯罪的有效方式，提升打击犯罪的效能；另一方面，防控工作也要加强风险防范，创新社会治理方式，完善立体化社会治安防控体系构建，运用人工智能加强智慧城市建设、实现监控网络的广泛覆盖，特别是对重点行业、场所和人群进行有效管控与防范，努力实现对犯罪的有效防控，促进社会安定有序，助力平安中国建设。

五、专门工作与群众路线相结合原则

党的十八届三中全会提出推进国家治理体系和治理能力现代化，我国实现社会治理现代化的战略目标强调要实现党政善治、社会共治、基层自治的良好局面。[①] 党的十九大进一步提出着力打造共建、共治、共享的社会治理新格局的要求，为新时代继续推进社会治理活动提供了根本遵循。[②] 社会治理不同于传统的社会管理，它是在共建共享理念之下的共治，是充分调动各类社会主体积极参与的国家治理模式。密切联系群众是我党最大的政治优势，群众路线是我党治国理政的必要坚持。专门机关与群众路线相结合，是我国政法工作的重要方针，是社会治安综合治理的基本原则。专门机关与群众路线是辩证统一的关系，其中，“专”强调政法机关作为惩治与预防犯罪的专门机关，公检法三机关必

---

① 参见汪永清：《推进多层次多领域依法治理》，本书编写组《中共中央关于全面推进依法治国若干问题的决定》，人民出版社2014年版，第227页。

② 参见十九大报告辅导读本编写组：《党的十九大报告辅导读本》，人民出版社2017年版，第48页。

须依法切实履行职责；“群”则倡导开放性地动员社会力量广泛参与到群防群治工作中，形成共建、共治、共享的社会治理新格局，实现社会治安治理体系和治理能力的现代化。在当今信息技术发展日新月异、社会飞速前进的新形势下，信息传播空前迅速，新的犯罪手段层出不穷，各种社会矛盾多发频发，不断增长的犯罪现象与有限的司法资源形成巨大的矛盾，化解这些矛盾不仅需要职业化的专业队伍建设，同时也需要发挥好社会化、市场化的作用，将适合社会力量发挥优势的事务交由社会主体去做，形成党政齐抓共管，群众人人参与的局面，形成“全民反恐”的合力，实现良好的法律效果、社会效果、政治效果的统一。

恐怖主义犯罪侦防仅依靠专门国家机关的力量难以达到最好的社会防控效果，还需要相关社会团体、专业人士以及广大群众的支持与协助。首先，防范恐怖主义需要树立正确的观念，确立群众正言、正信，需要发挥各地相关组织团体的力量，进行向善、向上的宣传与教育。其次，恐怖主义犯罪的态势预测、大数据分析、风险防控、分级预警机制建设都需要公安“智库”的权威专家给予专业意见和建议。由于当今恐怖主义犯罪大量涉及信息技术运用、进行网络宣传、煽动犯罪与组织犯罪活动，在对该类犯罪的侦查中时常涉及一些技术性问题，也需要发挥相关技术专家的力量予以解决。再次，恐怖主义犯罪是全社会公敌，要动员全社会的力量共同打击与防范，鼓励支持“朝阳群众”“西城大妈”等群防群治力量发挥实效，全社会筑起铜墙铁壁，使恐怖分子成为“过街老鼠、人人喊打”。

第三章　恐怖主义犯罪侦防现状及问题

第一节　恐怖主义犯罪侦防立法现状

一、恐怖主义犯罪的立法沿革

1994 年，恐怖主义犯罪的字眼首次出现在《中华人民共和国国家安全法实施细则》中，恐怖主义犯罪开始逐步进入我国立法领域，并在之后的 20 多年间不断完善，如今，恐怖主义犯罪的立法规制已经进入相对完备的状态。无论是在《刑法》《刑事诉讼法》等基本部门法中，还是在《反恐怖主义法》《国家安全法》等专门法律规定中，以及其他各级法律、法规中，都有诸多涉及恐怖主义犯罪的规定，相关的立法规范为恐怖主义犯罪侦防提供了法律依据和指引。下面，对主要涉恐怖主义犯罪的立法进行梳理与评述。

（一）《刑法》相关规定

我国刑法中关于恐怖主义犯罪的立法经历了渐进变革的过程。

1997 年，由于恐怖主义犯罪这种社会危害性极大的犯罪在我国一些地方时有出现，为了应对犯罪形式的变化并为打击犯罪实践提供法制支撑，恐怖主义犯罪初次进入刑法规范中。1997 年《刑法》第 120 条在“危害公共安全罪”部分专门规定了“组织、领导、参加恐怖组织罪”，并将关于暴力恐怖活动的一些犯罪行为分列在劫持航空器罪、劫持船只汽车罪、爆炸罪等法条中，这是我国反恐刑事立法的开端。

2001 年，美国五角大楼的轰然倒塌引起国际社会对恐怖主义犯罪的强烈声讨与广泛关注，我国刑事立法领域迅速做出反应，在《刑法修正案（三）》中着重对恐怖主义犯罪进行修改补充：一是加大了对恐怖活动的组织者和领导者的打击力度，提高了组织、领导、参加恐怖组织罪的法定刑；二是增加了资助恐怖活动罪，切断恐怖活动的资金来源；三是将恐怖活动罪列为洗钱罪的上游犯罪，防止将恐怖主义犯罪的违法所得漂白；四是增设投放虚假危险物质罪和编造、故意传播虚假恐怖信息罪，将利用虚假恐怖信息扰乱社会秩序的行为也划入刑法规制的范围中。[①]

2011年通过的《刑法修正案（八）》进一步落实了我国宽严相济的刑事政策，对于恐怖主义犯罪以严为主，加大了对恐怖主义犯罪的惩处力度，将恐怖主义犯罪列为特殊累犯的成立条件，并将缓刑、死缓、假释等的适用严格化，加强了对恐怖主义犯罪等有组织暴力犯罪的惩处。

2015年《刑法修正案（九）》通过，总结同恐怖主义犯罪作斗争的经验，针对暴恐犯罪出现的新特点、新情况，加大了对恐怖主义犯罪的惩处力度。首先，《刑法修正案（九）》中首次运用了“恐怖主义”“极端主义”的概念。其次，《刑法修正案（九）》在第120条中，对资助恐怖活动罪进行了部分修改；并增设了准备实施恐怖活动罪，利用极端主义破坏法律实施罪，宣扬恐怖主义、极端主义、煽动实施恐怖活动罪，非法持有宣扬恐怖主义、极端主义物品罪，强制穿戴恐怖主义、极端主义服饰、标志罪等新的涉及恐怖主义与极端主义的犯罪；在第311条中，将拒绝向司法机关提供恐怖主义、极端主义的犯罪证据情节严重的行为纳入拒绝提供间谍犯罪证据罪中；在第322条中，将不法分子偷渡出境参加恐怖活动培训或“圣战”的行为纳入偷越国（边）境罪的加重情节中。[②] 我国《刑法修正案（九）》中涉及恐怖主义的规定，体现出两大特点：一是对涉恐行为的处罚范围更加广泛，二是对恐怖主义犯罪的处罚更为严厉化，展示出我国刑法对恐怖主义犯罪所持的高压

---

① 参见黎宏：《〈刑法修正案（九）〉中有关恐怖主义、极端主义犯罪的刑事立法——从如何限缩抽象危险犯的成立范围的立场出发》，《苏州大学学报（哲学社会科学版）》2015年第36卷第6期，第84—95、199页。

② 参见黎宏：《〈刑法修正案（九）〉中有关恐怖主义、极端主义犯罪的刑事立法——从如何限缩抽象危险犯的成立范围的立场出发》，《苏州大学学报（哲学社会科学版）》2015年第36卷第6期，第84—95、199页。

之态。

（二）《刑事诉讼法》相关规定

《刑事诉讼法》是我国的刑事程序法，与作为刑事实体法的《刑法》具有在秩序、公平、效率、人权保障等方面共同的价值追求，二者都是我国刑事法治的核心组成部分，在刑事司法中要秉承“刑事一体化”的研究视角与研究方法，将刑事实体法和程序法以及犯罪学等众多相关学科的研究内容整体观之，达到刑事司法内外运行的良好状态，实现最佳的法律效果和社会效果。

我国之前的《刑事诉讼法》中并没有针对恐怖主义犯罪的特殊规定，在2012年3月修改的《刑事诉讼法》中，增修了涉及恐怖主义犯罪的相关规定，主要有以下几个条款。第一，关于恐怖主义犯罪的管辖，在《刑事诉讼法》第20条规定，恐怖活动案件第一审由中级人民法院管辖。第二，关于恐怖主义犯罪的辩护与代理，第37条规定，恐怖活动犯罪案件侦查期间，辩护律师会见在押的犯罪嫌疑人应当经侦查机关许可，而侦查机关应当事先通知看守所。第三，关于恐怖主义犯罪的证人保护问题，第62条规定，对于恐怖活动犯罪案件，证人、鉴定人或被害人因为在诉讼中作证，致使本人或其近亲属的人身安全面临危险时，公检法机关应当对其采取相应的保护措施。第四，对于恐怖主义犯罪监视居住的规定，第73条指明，对涉嫌恐怖活动犯罪、在住处执行监视居住可能有碍侦查的，经上一级公安机关或人民检察院批准，可以在指定居所执行，但不得在羁押场所或专门的办案场所执行。第五，关于恐怖主义犯罪的拘留，第83条规定，对涉嫌恐怖活动犯罪、立即通知被拘留人家属可能有碍侦查的，应当在拘留后24小时以内通知家属。第六，关于技术侦查措施的运用，第148条规定，公安机关在立案后，对恐怖活动犯罪等严重危害社会的犯罪案件，可以根据侦查的需要、在经过严格的批准手续后，采取技术侦查措施。第七，关于没收违法所得的程序问题，第280条规定，对恐怖活动犯罪等重大犯罪案件，犯罪嫌疑人、被告人逃匿或死亡、通缉一年后不能到案，依照刑法规定应当追缴其违法所得和其他涉案财产的，检察院可以向法院提出没收违法所得的申请，公安机关认为有此情形的应当写出没收违法所得意见书移送检察院，法院必要时可以查封、扣押、冻结申请没收的财产。《刑事诉讼法》中这些针对恐怖主义犯罪的规定体现出，《刑事诉讼法》将恐怖主义犯罪与危害国家安全犯罪、黑社会性质组织犯罪、重大毒品犯罪、重大贪污贿赂犯罪等一并作为严重危害社会的犯罪进行了更为严厉的程序法规制，而且在刑事诉讼中给予犯罪嫌疑人更为严苛的人身自由限制，显示出刑事司法对恐怖主义犯罪的从严惩处态度。

（三）《反恐怖主义法》解读

《反恐怖主义法》的前身是2011年10月人大常委会通过的《关于加强反恐怖工作有关问题的决定》，这是我国针对反恐工作的第一个法律文件，对恐怖主义犯罪的一些相关概念做出了界定，提出了由国家反恐工作领导机构统一领导反恐工作并由各相关部门配合等框架性的规定，虽然全文仅有八条、整体来看较为简单并实效性有限，但是其迈出了反恐专门立法的第一步，对于我国反恐立法来说有重要的意义。

2014年4月，为了进一步加强反恐工作，切实提高对恐怖主义犯罪的防范和惩治力度，在国家反恐怖工作领导机构的带领下，公安部协同国家安全部、武警总部以及全国人大常委会法工委等诸多相关部门成立专门小组，多方讨论、深入各地调研，着手起草反恐怖主义法。历经众多立法专家及相关工作人员一年多的努力，《中华人民共和国反恐怖主义法》终于出台，并于2016年1月起正式施行。《反恐法》全文共分为十章九十七条，主要对恐怖主义的相关概念、我国反恐的基本原则，反恐的工作主体、反恐工作的具体内容以及保障措施和法律责任等问题进行了规范。

首先，《反恐法》中有部分条文涉及恐怖主义的相关概念与我国反恐原则。总则部分第3条、第4条就恐怖主义关涉的常用概念进行了简要梳理，包括恐怖主义、恐怖活动、恐怖活动的组织及人员、恐怖事件以及极端主义。其中，该法明确提出了恐怖主义是指“通过暴力、破坏以及恐吓等手段，来制造社会恐慌、危害公共安全、侵犯人身财产，或者胁迫国家机关、国际组织，以实现其政治、意识形态等目的的主张和行为”，这是我国在法律条文中首次明确界定恐怖主义的概念。而恐怖活动包括组织、策划、准备、实施、领导、参加、宣扬、提供各方面帮助等涉及恐怖主义性质的各种活动，包含范围十分广泛，甚至可以说，只要与恐怖主义沾边的行为都有被认为是恐怖活动的可能，这符合从严打击与防范恐怖主义的刑事政策要求，也是维护社会稳定与人民生命财产安全的需要。值得注意的是，在该法第58条、第89条中分别出现了“疑似恐怖事件”“恐怖活动嫌疑人员”的提法，这体现了立法的科学性、严谨性与刑事司法领域的无罪推定原则，也是在恐怖主义犯罪的侦查与防范工作中当事件性质尚未认定时应当采取的准确提法。另外，《反恐法》在总则部分第4条、第5条、第6条提出了反恐工作的综合施策、标本兼治理念，专群结合原则，防范为主、惩防结合原则，先发制敌、保持主动原则，以及尊重和保障人权、尊重宗教信仰自由、尊重民族风俗习惯等一些原则性规定，反恐工作的原则性规范与恐怖主义犯罪的侦防的理论基础和原则有异曲同工之处。

其次，《反恐法》规定了我国反恐工作的主体，体现出“全民反恐”的态势。根据该法第7条的规定，国家、省、设区的市以及有需要的县政府均设立相应级别的反恐工作领导机构，综合负责本地区的反恐工作，受上级反恐工作领导机构的领导和指挥。我国2001年成立了国家反恐工作协调小组，2013年8月升级为国家反恐工作领导小组，属于国务院议事协调机构。2013年11月12日，我国成立了国家安全委员会，在总体国家安全观的指导下捍卫我国的安全与利益，其中恐怖主义问题是国安委关注的重点所在。该法第8条、第9条列明了我国反恐怖主义工作的主体范围，可以划分为四类主体：一是有关国家机关，包括公检法、国家安全机关、司法行政机关以及其他相关机关；二是军队，包括人民解放军、武警部队和民兵组织；三是社会组织和团体，包括村委会、居委会、企事业单位和各社会组织，主要起到反恐工作的联动配合作用；四是任何单位和个人，都有配合反恐工作的义务。《反恐法》在第三章到第七章具体对各相关机构、部门在反恐工作中的分工与配合进行了细化规定，并将配合反恐怖主义工作明确列为任何单位与个人的义务，体现出我国专门机关有效应对与处置、广大群众积极参与社会防范的“全民反恐”的理念。

再次，《反恐法》较为全面地规定了我国反恐工作的具体内容。《反恐法》第三章至第七章分别涉及安全防范、情报信息、调查、应对处置与国际合作五大方面。其一，就安全防范而言，该部分从第17条到第42条共涵盖25个条文，是本法中篇幅最大的部分，这也从一个侧面展现了反恐“防范为主”的理念。安全防范的主体范围十分广泛，从教育、文化等部门到传媒、互联网、电信机构，从交通运输到快递物流，从危险物品管理到特殊场所防范，从财税、审计到反洗钱部门、银行监管等不一而足，各行各业都要在安全防范中尽一份力，做好反恐安全防范是全社会义不容辞的责任。其二，情报信息的搜集与分析是反恐的基础性工作，该部分强调国家及地方反恐情报信息中心的建构与跨区域、跨部门的信息统筹运用，强调注重对信息的筛查、研判与监控，以情报引导反恐工作。其三，调查部分专章规定了涉嫌恐怖活动的由公安机关进行调查核实，包括对嫌疑人员的盘问、检查、传唤以及生物信息的识别和生物样本的采集，对嫌疑人员财产的查封、扣押、冻结，以及对了解情况的人员的询问等。其四，应对处置部分提出了建立处置预案体系的要求以及恐怖事件发生后的紧急应对处置措施。其五，恐怖主义是国际社会的公敌，反恐国际合作是各国的共同选择，本法规定在反恐国际合作中，由国务院有关部门代表我国政府进行政策对话、情况信息交流、资金监管、执法合作等，并赋予公安部、国家安全部、人民解放军和武警部队经批准后派员出境执行反恐任务的权力。

另外，《反恐法》专章规定了我国反恐工作的保障措施与法律责任。保障措施包括工作经费保障，专业人员及训练、设施等保障，人身安全的特殊保护等，尽可能解除反恐工作的后顾之忧。第九章则详尽规定了对尚不构成犯罪的恐怖主义行为以及在反恐工作中失职等其他行为的处罚。

（四）《新疆维吾尔自治区实施〈中华人民共和国反恐怖主义法〉办法》解读

2016年8月起施行的《新疆维吾尔自治区实施〈中华人民共和国反恐怖主义法〉办法》是新疆地区对《反恐法》的贯彻，在总体结构上与《反恐法》完全一致，同样分为十章，除了第七章用内部的“教育管理”替代了《反恐法》对外的“国际合作”外，每章所规范的内容也沿用了《反恐法》的标题，对恐怖主义的界定等直接沿用了《反恐法》的表述，但《实施办法》中的内容结合新疆反恐工作的具体情况，既是对《反恐法》的规定的贯彻与细化，也更有针对性地顺应新疆反恐工作的需要。从对恐怖主义犯罪的侦查与防范的角度着眼，《实施办法》有以下几个方面值得关注。

首先，《实施办法》在《反恐法》反恐工作基本原则的基础上，提出了“全民参与原则”，明确将全民反恐上升为一项原则性的规定，将防范与惩治恐怖主义强化为所有社会成员的义务。其次，《实施办法》重视对“极端主义”的防范与惩处，着重提出了“极端主义”并在贯穿全文的众多的表述中将其与“恐怖主义”并列使用。如第1条就明确提出“为了防范和惩治恐怖主义活动、极端主义活动，加强反恐怖主义、反极端主义工作”。又如第7条特别强调，坚决反对歪曲宗教教义、鼓吹暴力等任何形式的极端主义，极端主义是恐怖主义的思想源头，严厉防范与惩处极端主义是反恐的治本之策。再如第18条专门规定了宗教事务管理部门的安全防范义务，应当加强对宗教场所、活动及人员的管理，正确引导信众树立正信正行，防止宗教被极端主义、恐怖主义分子利用成为违法犯罪活动的外衣。由此可见，《实施办法》特别重视对恐怖主义的惩防问题，将对恐怖主义的防治提到了反恐“治本之策”的高度，也宣示了打击和防范此类犯罪的决心。再次，第七章“教育管理”部分是本办法在结构上不同于《反恐法》之处，但也不是凭空而生的，而是对《反恐法》中如第4条“运用教育等手段”等相关规定的细化落实。本部分逐条规定了对恐怖主义的违法犯罪人员的法治教育、教育改造与矫正、安置教育等教育管理的主体及措施。另外，《实施办法》对恐怖活动的具体情形以及反恐怖主义的安全防范、情报信息的获取与研判、调查与应对处置等问题都做出应对自治区当前恐怖主义犯罪态势并适应打击与防范此类犯罪实际需要的细化规定。

（五）《新疆维吾尔自治区去极端化条例》解读

2017年4月1日起施行的《新疆维吾尔自治区去极端化条例》在《反恐法》和《实施办法》的基础上，进一步针对去极端化问题做出细化规定，《条例》总结各部门去极端化实践中的经验教训，对能详细、明确规定的问题尽可能地予以详尽规定。《条例》是我国首部有关去极端化的地方性法规，契合极端主义犯罪侦防的实践需要也具有一定的前瞻性，并起到先行先试的示范作用。

具体对《条例》的内容进行梳理，其中有以下几个方面应当引起关注。第一，《条例》对极端主义的相关概念进行了界定。第 3 条明确给出了本条例对“极端主义”“极端化”所做的定义，其中极端主义的概念沿用了《反恐法》的表述，强调以歪曲宗教教义等手段煽动仇恨与歧视、鼓吹暴力，在本条例的界定中极端主义不仅是思想领域的，还包括“主张和行为”；而极端化是指受到极端主义影响的、宣扬偏激宗教思想的、扰乱正常生产生活的“言论和行为”，可见本条例将“极端化”界定为极端主义的外化表现形式。第 9 条对应当予以禁止的“极端化”言论和行为进行了列举式的规定，共有 14 款，其中包括穿戴蒙面罩袍、干涉他人宗教信仰自由、干涉子女接受教育等，还有“其他极端化言论和行为”这样的兜底条款，可以说，只要是受极端主义影响的一切言行都是极端化的表现，都应当予以禁止，这也体现出自治区严厉打击与严密防范极端主义的高压态势。第二，《条例》提出了去极端化工作的基本方针和指导原则。本条例第 4 条、第 10 条、第 11 条等都对去极端化工作进行了原则性的规范。《条例》提出，去极端化要准确区分民族习俗、正常宗教活动、非法宗教活动和极端化行为的界限，团结教育大多数、孤立打击极少数；必须坚持系统治理、综合施策、标本兼治；必须坚持党的宗教工作的基本方针，坚持宗教中国化、法治化方向，引导宗教与我国社会的发展情况相适应。这些宏观规定为去极端化工作提供了原则性的指引，去极端化是社会各方全部参与的长期复杂的任务，当具体实践中遇到法律、法规尚无明确规定的地带时，根据这些指导原则的思想引导，去极端化的实际工作就能找到正确的方向。第三，《条例》规定了去极端化工作的主体，包括政府和相关部门与社会各方。可以说，任何单位、任何人都与去极端化工作息息相关，去极端化、维护社会的稳定与安全是全体社会成员义不容辞的责任。第四，《条例》规定了去极端化的具体工作。在第四章、第五章中，本条例从第 16 条到第 45 条尽可能详细地罗列了政府及相关部门的主要职责和社会各方面应当履行的义务，从司法机关到民族、宗教、文化、教育部门，从交通、电信主管部门到工商、质监、民政、卫计部门，从共青团、工会、妇联、协会、基金会到学校、家庭、个人等。第五，《条例》第六章规定了法律责任。除其他在《刑法》《反恐法》等中已规定的外，本条例还规定了有极端化言行、情节轻微、尚不构成犯罪的所应承担的法律责任与去极端化工作中未履行职责的所应承担的法律责任。

（六）我国缔结或参加的反恐国际条约

我国在反恐问题上一贯主张遵守联合国宪章的规定和国际法原则的指导，积极参与联合国反恐立法，支持联合国大会、安理会等机构关于反恐问题的决议，自 1963 年至 2005 年间，我国批准或加入的国际反恐公约共 10 部，签署国际反恐公约 2 部，这 12 部国际反恐公约涉及航空领域、航海领域、劫持人质行为、恐怖主义爆炸、核恐怖行为等，对平民和应受国际保护的人员都有所涉及。[①] 由此可见，中国在国际反恐中积极主动承担了十分广泛的义务，并在多年的反恐立法与实践中积极履行，将相关条约所规定的国际社会的义务转化并入国内法中，并在司法、执法实践中积极贯彻。

我国也十分重视打击与防范恐怖主义犯罪的区域合作。我国于 2001 年 6 月 15 日在上海会同哈萨克斯坦、俄罗斯等五国共同签署的《打击恐怖主义、分裂主义和极端主义上海公约》，对三股势力进行了明确界定，并将上海合作组织打击三股势力的内容、方式等问题法制化；之后又在 2002 年 6 月签署了《上海合作组织成员国关于地区反恐怖机构的协定》，将区域反恐机构总部设在吉尔吉斯共和国比什凯克市，并规定了地区反恐机构的性质、职能等问题。

（七）其他相关法律、法规

许多关涉恐怖主义犯罪侦防的条文散见于《国家安全法》《治安管理处罚法》等规范性法律文件中。这些法律、法规中的相关条款有的是

---

① 参见刘仁山、尹生、简基松、邓烈：《国际恐怖主义法律问题研究》，中国法制出版社 2011 年版，第 246 页。

原则性规定，例如《国家安全法》第 28 条明确提出，国家反对一切形式的恐怖主义和极端主义，要加强防范和处置恐怖主义的能力，依法开展情报、调查、防范、处置以及资金监管等工作，依法取缔恐怖活动组织，严厉惩治暴力恐怖活动。有的是十分具体的实践规范，例如《新疆的宗教信仰自由状况》白皮书中提出，宗教极端主义是世界人民的共同敌人，反对宗教极端主义是各国政府的应尽之责，也是各国人民包括宗教界和信教公民义不容辞的责任。

此外，散见于各规范性法律文件中涉及恐怖主义犯罪的条款还有许多，无论是宏观规范还是微观规则，都与前文解读的《刑法》《反恐怖主义法》等法律、法规的精神相一致，即严厉防范与打击恐怖主义犯罪，着力维护国家安全、公共安全和人民生命财产安全。

二、恐怖主义犯罪的立法评述

法律是治国之重器，良法是善治之前提。法治是现代社会定分止争、惩防犯罪、解决各种复杂问题的有效方式，同样也是惩治与预防恐怖主义犯罪的最强有力的方法，而立法的合理与完备是法治运行良好的基础。法的生命力在于其运行之中，法的价值也体现在其运行之中，而立法是法的运行的起点。正如十八届四中全会提出，建设中国特色社会主义法治体系，必须坚持立法先行，发挥立法的引领和推动作用，抓住提高立法质量这个关键。打击与防范恐怖主义犯罪，必须首先加强与完善反恐怖主义相关立法，使恐怖主义犯罪的侦防工作有法可依，使人民群众的生命财产安全有法来保障，充分运用法律手段来惩治与防范恐怖主义犯罪。

（一）反恐立法格局初步完备

2016 年 1 月 1 日起正式施行的《反恐怖主义法》，标志着我国“以专门反恐法为核心、以刑事法为主体、其他附属立法相配合”的反恐立法格局的基本确立。而在此之前，我国的反恐法律条款大多集中于《刑法》条文中，呈现出“以刑法为主，其他法律予以配合”的反恐法制状况。[①]《反恐法》的制定无疑是我国反恐立法领域的重大进步，对奠定我国反恐立法基本格局有重要的历史意义。我国目前的反恐立法体现出以下几个特点：

第一，以经验立法为主，兼顾适度超前立法。我国《反恐法》以及相关法律法规的制定经历了一个从无到有的过程，我国既无历史上的先例可供借鉴，又不能照搬照抄西方法制发达国家的理论与做法，于是《反恐法》的制定采取从实践出发“摸着石头过河”的经验立法模式，在我国已经相对成熟的实践经验中总结归纳、逐步推进立法。经验立法有稳妥、慎重的优势，但也有容易滞后的弊端，由于立法来源于实践经验，先有实践的探索而后有相对成熟的立法，立法也就很可能落后于实践中切实的需要。因而，我国反恐立法在采取审慎经验立法的基础上，适度兼顾了立法的超前性，以应对复杂严峻的反恐形势。

第二，以专门立法为核心，附属立法相配合。我国当前的反恐法律体系由专门立法和附属立法有机结合而成，形成了结构上相对完备统一的法律体系。专门立法指我国《反恐法》等专门针对恐怖主义犯罪的法律、法规，它可以不受国家原有法律框架的束缚、不依附其他法律文件而独立存在，规定了我国反恐主体之间权利、义务关系以及反恐工作的诸多具体内容。附属立法则是指分散规定于刑事法、行政法等部门法中的与反恐相关的条文，不同的部门法都是针对其专门调整的社会关系而系统制定的，因此这些部门法中涉及的反恐法律、法规也与相关的部门法调控范围紧密联系。专门立法从整体上系统性地规范了反恐工作的全局，克服了附属立法太过分散杂糅的弊端，具有更强的规范效果与警示作用；附属立法构建在部门法框架内，专业性较强，能够弥补专门立法的疏漏之处，有利于在不同领域开展反恐工作。[②] 专门立法与附属立法相结合，更有利于我国反恐法律体系的完备和反恐实践工作的开展。

第三，立法将“去极端化”作为反恐的一项重点。综观十余年间国际、国内发生的恐怖事件，从“基地”组织，到“东突”势力，再

---

① 参见杜邈：《中国反恐立法的回顾与展望》，《西部法学评论》2012 年第 6 期，第 40—47 页。

② 参见杜邈：《中国反恐立法的回顾与展望》，《西部法学评论》2012 年第 6 期，第 40—47 页。

到"ISIS"，绝大多数恐怖袭击染着极端主义色彩，诸多恐怖组织打着宗教的旗号宣传极端主义思想，进而煽动暴力恐怖活动。在这互联网普及、自媒体兴起的时代，三股势力假托宗教、民族的名义，利用网络肆无忌惮地传播极端主义音视频资料，企图在群众中掀起骚乱。我国立法积极应对实际情况，对极端主义予以坚决、严肃的防范和打击。《刑法修正案（九）》将极端主义看作是诱发恐怖主义的思想基础，将刑法治理的重点转向"去极端化"，将去极端化纳入反恐工作的整体格局之中，具体表现为，一是对传播极端主义的行为进行打击，二是维护我国的婚姻、教育、司法制度，三是强化公民在去极端化中的法律义务。[①]《新疆维吾尔自治区实施〈中华人民共和国反恐怖主义法〉办法》在《反恐法》的基础上着重提出了"极端主义"的概念并在贯穿全文的众多表述中将其与"恐怖主义"并列使用，将对极端主义的防治提到了反恐"治本之策"的高度。《新疆维吾尔自治区去极端化条例》则在《反恐法》和《实施办法》的基础上，进一步特别针对新疆去极端化问题做出具体细化规定。我国反恐立法将"去极端化"作为关注重点，体现出去极端化工作的严峻性，宣示了打击和防范恐怖主义的决心，也为恐怖主义犯罪的侦防工作提出了更高的要求。

（二）反恐立法的薄弱环节尚待完善

首先，要加强国际与国内反恐法制接轨。无论是我国《宪法》还是《刑法》，都没有明确规定我国批准或加入的国际条约在国内法中的地位问题。那么，我国缔结或参加的众多反恐国际条约究竟效力如何、怎样适用，就成了摆在立法者与执法者面前的难题。反恐国际条约几乎确立了普遍管辖原则和或起诉或引渡原则，也就是说我国对所缔结或参加的反恐条约中所规定的犯罪具有普遍管辖权，依据我国《刑法》来行使管辖权。而我国《刑法》在第 9 条中指明，对于我国缔结或参加的国际条约所规定的罪行，我国在所承担的条约义务范围内行驶管辖权的，适用本法。并且反恐国际条约中普遍有要求缔约国酌情将国际条约

---

① 参见赵秉志、杜邈：《中国反恐刑法的新进展及其思考——〈刑法修正案（九）〉相关内容评述》，《山东社会科学》2016 年第 3 期，第 98—104 页。

所涉及的罪行在国内法中规定为犯罪行为并予以惩罚的义务条款。如此看来，反恐国际条约并不能在国内直接适用，还需要转化为国内法才能运用于我国的司法实践。而我国尚未将所参加或缔结的反恐国际条约全面、细致地转化为国内法，国际与国内反恐法制的接轨与互动尚有待完善。①

其次，要加强《反恐法》与《刑法》等法律法规的衔接。一方面，应当实现对恐怖主义、极端主义等定义的相对统一。目前我国《反恐法》已对恐怖主义、极端主义及恐怖活动的内涵有所描述，但对“极端主义”尚未给出明确的界定，且与《刑法》等法律规范的概念描述尚不一致，相关立法应当实现对概念的相对统一性界定。另一方面，应当区分《反恐法》与《刑法》等不同法律规范的立法空间，实现立法空间的相对独立。在我国当前“单轨制的刑事立法体制”② 下，《反恐法》与《刑法》应当实现内容上的相互补充而避免重复与杂糅，《反恐法》应当实现对反恐立法的有效统筹，充分发挥其在反恐法治体系中统领全局的作用，《刑法》则负责具体规定恐怖主义犯罪的罪名与刑罚问题。③

再次，要制定配套实施细则，增强反恐法的可操作性。在对反恐法的细化落实方面新疆走在立法前列，《新疆维吾尔自治区实施〈中华人民共和国反恐怖主义法〉办法》《新疆维吾尔自治区去极端化条例》都是在《反恐法》的框架下结合本地区打击与防范恐怖主义犯罪的实践情况具体制定的实施细则，对各地有一定的借鉴意义。特别是在我国西北部西藏、甘肃、宁夏等少数民族聚居的省、自治区，和北京、上海、广州等特大城市，也应当根据本地区的民族事务、宗教事务、流动人口治理等实际情况，具体制定本区域内的反恐法规、规章，形成较为完备的反恐怖主义的制度体系，增强反恐法的实际操作性。另外，《反恐法》从宏观角度规范了反恐工作的内容，而具体的反恐领导与工作主体

---

① 参见刘仁山、尹生、简基松、邓烈：《国际恐怖主义法律问题研究》，中国法制出版社 2011 年版，第 264—265 页。

② 储槐植：《犯罪学界的贡献》，《江西公安专科学校学报》2007 年第 4 期，第 5—7 页。

③ 参见姚建龙、王江淮：《论我国刑法与反恐法的衔接——以〈刑法修正案（九）〉为视角》，《犯罪研究》2016 年第 2 期，第 2—8 页。

的职责、反恐安全防范问题、反恐情报获取与搜集问题、反恐应急处置问题、反恐的救济与保障措施等问题都有待相关部门进一步出台实施细则，以便于各部门、各单位在反恐实践工作中能真正权责分明、有效落实。

第二节　恐怖主义犯罪侦防现状

自20世纪90年代初起，恐怖主义犯罪逐渐引起我国法学和公安学理论界与侦查和预防犯罪实务界的关注，在近30年来的恐怖主义犯罪侦防实践中，我国实务部门已初步形成较有成效的恐怖主义犯罪侦防体系，多元化的侦防力量得以有效整合，共享型反恐信息平台基本建成。虽然我国的恐怖主义犯罪侦防机制仍存在许多有待完善之处，但侦防工作的有效性已然呈现。

一、侦防力量多元化基本整合

当前，我国恐怖主义犯罪侦防工作主要由公安部下设的反恐局统筹安排，各级公安部门担负着指挥协调、情报搜集、打击与防范等综合反恐的主要任务，并受到武装警察部队、人民解放军以及其他国家机关和社会力量的协助；其中，特警、武警和军队被称作反恐的“三驾铁骑”。我国目前的反恐地点主要集中于新疆、西藏等少数民族聚居的西部边陲地区和北京、上海、广东等流动人口众多的发达省市。整体观之，我国当前的恐怖主义犯罪侦防工作无论在力量配备上，还是在重点地区的选择上，都体现出集中主要力量打击遏制关键地区的恐怖主义犯罪的取向，而对其他非重点地区的常规性的综合防控并不够重视。

根据我国《反恐怖主义法》的列举式规定，我国的反恐主体包括：公检法三机关和国家安全机关、司法行政机关及其他有关国家机关；人民解放军、武装警察部队和民兵组织；各企事业单位、村委会、居委会和各社会组织；并明文规定任何单位和个人都有配合反恐的义务，总而言之，我国呈现出全民反恐的趋势。根据在侦防工作中所扮演的角色性质的不同，可以将我国恐怖主义犯罪的主要侦防力量分为公安机关、武警部队、人民解放军以及其他国家机关和社会力量。

第一，公安机关。公安机关是我国恐怖主义犯罪侦查与防控工作的主力队伍，不论刑事侦查部门还是治安管理部门，都对打击恐怖主义犯罪、预防和遏制违法犯罪行为、维护社会稳定和人民生命财产安全做出巨大贡献。接受过严格的特殊训练，善于执行解救人质、围剿恐怖分子、排爆等特殊危险任务的特警是公安机关反恐的核心力量，公安特警队员臂章上标有“SWAT”，代表着“特殊武器与战术小组”。我国最早的公安特警队伍是于1995年成立的成都市公安局“黑豹特警队”。2005年底开始，我国36个省会城市和重点城市相继组建、改建特警队，以北京市公安局巡特警总队为例，该巡特警总队于2005年12月19日建成，下设有教育训练、反爆炸、反劫持、特警支队等多个单位，组建起了公安系统内部一支初具规模的反恐专业力量，其下属的第一支队于2006年8月成功处置了北京西客站劫持人质事件，该总队于2008年6月被正式授予“蓝剑突击队”称号。[①] 公安特警队与武警部队在反恐工作上相互配合、相互补充，共同履行保卫国家安全和利益、维护社会稳定和长治久安的职责。

第二，武警部队。当前我国武警部队已经系统组建起总部、总队、支队、中队四级反恐力量。我国最早的反恐专业力量是建制于1982年的公安部722警察部队，该部队于1983年正式归为武警总部的下属部队，并更名为“中国人民武装警察部队直属特种警察大队”，也就是现今特警学院特种作战大队“猎鹰突击队”的前身，该反恐队伍自建成以来，多次承担重要特殊勤务，包括北京奥运会的安保任务、援疆反恐维稳任务、党和国家领导人的警卫等等。[②] 2002年12月，武警北京总队“雪狼突击队”建成，在2007联合军演中更名为“雪豹突击队”，该部队立足北京、面向全国，主要负责首都北京以及周边地区的大型特殊事件处置，多次执行大型活动的安保、反恐等特殊任务，也是一支国家级特种部队。除了“猎鹰突击队”“雪豹突击队”这两支“国字号”

---

① 参见张立伟、王晓东：《中国反恐部队世界特战新星》，《人民日报》2014年第8期。

② 参见李军：《恐怖主义与主要大国的反恐战略研究》，华中师范大学博士学位论文，2014年，第96页。

反恐特种部队外，各省、自治区、直辖市也组建了各自的反恐特战力量，例如武警新疆总队第二支队女子特战排“天鹰突女子击队”，巾帼不让须眉，自2004年成立以来出色地完成了多项应急处突任务。此外，自2013年起，武警部队在全国各执勤中队中组建应急班，担负各地、市、县恐怖事件的先期应急处置任务。① 武警部队在反恐工作与应急事件处置中起到突出作用。

第三，人民解放军。2006年11月，经中央军委批准，《军队处置突发事件总体应急预案》正式颁布实施，人民解放军和武警部队参与突发事件处置有了明确的法律授权，明确规定了军队处置军事冲突突发事件、协助地方维护社会稳定、参与处置重大恐怖破坏事件、参加地方抢险救灾、参与处置突发公共安全事件等五大任务。② 2013年10月28日，天安门暴恐事件发生后，我国国防部公开表态，中国军队在必要时候，将根据国家统一部署，依法打击各种暴恐活动。③ 为了提高军队的实战能力，我国人民军队择期进行实战演习，如2017年9月17日，由我国陆军组织的代号为“利刃—2017确山”的特种部队跨区域基地化演习正式打响，红方是被称为“东海飞龙”的东部战区陆军某特战旅，与素有“中原猛虎”之称的蓝方中部战区某特战旅展开厮杀，演习科目主要包括机动渗透、战场侦察、引导打击、狙击、破袭与夺控等，综合检验新体制下的特种部队机动作战能力、立体攻防能力和全域作战能力。④ 此外，我国军队、公安和地方还连续多年进行国家“长城”系列、武警“卫士”系列等联合反恐演习，在模拟实战中提高反恐协作能力。

第四，其他国家机关和社会力量。侦查权在我国是一项专属于专门机关行使的法定权力，有权进行侦查活动的主体仅限于公安机关、人民

---

① 参见张立伟、王晓东：《中国反恐部队世界特战新星》，《人民日报》2014年第8期。

② 《参见〈军队处置突发事件总体应急预案〉解读》，网易新闻，http：//news.163.com/06/1114/17/2VTHFKCN000120GU.html。（上网时间：2018年5月15日）

③ 参见国防部：《中国军队必要时将参与打击恐怖活动》，环球网，http：//world.huanqiu.com/regions/2013－11/4516730.html。（上网时间：2018年5月20日）

④ 参见《“利刃－2017确山”特战演练打响红蓝两军初见锋芒》，央视网，http：//news.cctv.com/2017/09/17/ARTIW5BAHoXj3t6J9e21oEjE170917.shtml。（上网时间：2018年6月2日）

检察院、国家安全机关、军队保卫部门、监狱以及海警局。[①] 而防范犯罪的主体则十分广泛，全社会都有防范犯罪的权利和责任。我国恐怖主义犯罪防控主体除了前述公安机关和军队外，还包括检察院、法院、司法行政机关、国家安全机关和其他相关机关，以及村委会、居委会、企事业单位等各类社会组织和团体，任何单位和个人都有配合防范恐怖主义的义务。我国在恐怖主义犯罪的侦防工作中强调专门机关积极应对与处置、广大群众积极参与社会防范，展现出“全民反恐”的理念。

二、信息平台共享初步建成

情报信息的及时获取是侦查与防控犯罪的关键环节，获得准确而快捷的情报无疑是反恐工作的重点所在，如今随着电子技术的迅猛发展，信息交流融通更为便利，海量信息飞速涌现，如何甄别有效情报、共享有效信息、节约情报获取与识别的成本成为摆在犯罪侦防工作面前的重要课题。多年来，我国在反恐工作中十分重视情报信息平台的建设与共享，目前已基本实现了公安机关内部、公安机关与相关机构之间以及我国国家机关与域外机构之间的数据信息的共享。

首先，我国反恐情报信息系统基本建成。目前，我国已在国家反恐工作领导机构设立国家反恐情报中心，该情报中心负责统筹全国的反恐情报工作，实行跨部门、跨地区的全局性工作机制。而反恐相关部门都有搜集情报信息的义务，相关部门搜集到关于恐怖主义活动的人员、行动等线索时，都应当及时按照规定将情报报送汇集到国家反恐情报中心。各地方的反恐工作领导机构负责组织该地区的反恐情报信息工作，同样在本区域内建立跨部门的情报工作机制，各部门将搜集到的反恐情报及时报告至本地区反恐工作领导机构，本级反恐工作领导机构在对所获信息进行甄别后，将重要情报及时上报上级反恐工作领导机构，并将涉及到其他地方的紧急情报及时通报相关地方。此外，国家反恐情报中心、地方各级反恐工作领导机构以及公安机关等相关部门，都具有对反恐情报信息进行筛选、研判、核实和监控的义务，在发现有发生恐怖事

---

① 参见杨宗辉：《侦查学总论》，中国检察出版社2009年版，第31页。

件的风险、需要采取一定的安全防范、应急处置措施时，都要及时通报相关单位，并可依情况发布预警。近年来，我国新疆之所以能够在大多数暴恐极端团伙行动之前就将其捣毁，反恐情报信息平台发挥了不可小觑的作用。

其次，我国公共安全信息资源共享初步实现。能够及时有效地获取关涉违法犯罪的情报和涉及社会安全方面的信息、实现信息的融通与共享是公安工作的基础。公安信息化建设十分重视基础信息资源的发掘和互通，分类建设数据库对各类公安工作的基础数据进行搜集、整合、归档，并在全国公安机关内部将各类数据库资源实现有效链接，促进公安机关各警种之间、各部门之间信息的融通与共享。目前，我国公安机关内部局域网已实现了联网查询，各地警务信息综合应用平台已基本建成，各级公安机关都在持续强势推进信息共享机制的构建。伴随着公安现代化、信息化、标准化建设的快速发展，公安机关不断深化情报主导侦查、信息主导警务模式建设，公安“大情报”系统逐步形成，通过对信息资源的收集与整合，来提升打击犯罪与社会防控的效能。当然，公安信息的共享来源并不局限于公安机关内部自有数据库，在侦查与防控工作中获取数据的来源还包括社会各行各业的数据库、各大数据公司的数据库、个人电子通信等设备中的数据等。

再次，国际反恐数据库基本投入使用。恐怖主义是人类的公敌，世界各国纷纷致力于反恐情报建设，并共享反恐情报信息，不仅在国与国之间建立了反恐情报交流机制，还建成了一系列国际反恐信息库，做到反恐情报信息全球共享。目前，公开开放并且得到国际社会广泛认可的反恐数据库主要有五个，包括全球恐怖主义数据库（GTD）、兰德公司世界恐怖主义事件数据库（RDWT）、世界事件跟踪系统（WITS）、国际恐怖主义事件数据集合（ITERATE）、西欧恐怖主义事件数据库（TWEED）。[①] 其中，全球恐怖主义数据库是当前世界范围内最为全面、成熟的反恐数据库，记录了1970年至今全球发生的恐怖主义事件的详细信息，不仅对国际社会反恐有所助益，也有益于分析恐怖主义的来龙

① 参见章远：《国外智库恐怖主义概念界定及其数据库建设的评析》，《探索》2017年第2期，第155—162页。

去脉、从根源上打击与防范恐怖主义。① 这些数据库的资料信息来源通常是新闻报道等记录性文字资料，数据库管理者对文献资料进行数字化的转化，以使统计更为直观、查阅更为便捷。许多对恐怖主义事件的分析研究也同样采取转化为数字统计的方法，以 2016 年全球恐怖主义指数为例，其选择了恐怖主义事件数量、受伤人数、死亡人数、财务损失量等四项指标来对 162 个国家发生的恐怖主义事件进行排列，以便让全球恐怖主义事件的发生情况更一目了然地呈现在查阅者面前。② 国际反恐数据库既为我们提供了查询与分析反恐情报信息的途径，也给予我国建设反恐数据平台的启迪。

三、侦防工作成效化逐步显现

多年以来，我国多地不断发生恐怖主义事件，特别是在新疆等重点地区恐怖主义活动一直呈现多发、频发之态。2009 年 7 月 5 日，新疆乌鲁木齐市发生打砸抢烧严重暴力犯罪事件，造成 197 人死亡、1700 余人受伤。2013 年 10 月 28 日，天安门前发生暴恐袭击案件，暴恐分子驾车故意冲撞群众，造成 2 人死亡、40 人受伤。2014 年更是恐怖主义犯罪的多发之年，3 月 1 日昆明火车站发生暴恐案件，造成无辜群众 29 人死亡、143 人受伤；4 月 30 日，新疆乌鲁木齐市火车南站发生爆炸案，造成 3 人死亡，79 人受伤；5 月 22 日，乌鲁木齐市再次遭到暴恐袭击，暴徒驾车在公园附近冲撞人群、引爆炸弹，造成群众 39 人遇难、94 人受伤。面对恐怖主义事件的频发，我国政府强势高压反恐，坚决打击与防范恐怖主义，加强对恐怖主义犯罪的侦查与防控机制构建，近年来，恐怖主义在我国得到有效遏制，全国治安状况总体稳定。

我国新疆地处西北边陲，"东突"势力与境内外恐怖主义势力相勾结，制造多起骇人听闻的暴恐事件。有数据统计显示，自 1990 年至 2001

---

① 参见周松青：《全球恐怖主义数据库及对中国反恐数据库建设的启示》，《情报杂志》2016 年第 35 卷第 9 期，第 6—11 页。

② STATISTA. Global Terrorism Index 2016, top 50 countries [R] . STATISTA, 2017. 转引自章远：《国外智库恐怖主义概念界定及其数据库建设的评析》，《探索》2017 年第 2 期，第 155—162 页。

年间，境内外“东突”势力在我国新疆制造了200余起暴恐事件，造成各族群众、宗教人士、基层干部等162人死亡、440余人受伤。①21世纪以来，新疆乌鲁木齐、喀什、巴楚、和田、鄯善、疏附、叶城、莎车等地都多次遭受恐怖袭击，造成大量无辜民众伤亡。我国西南地区也面临着与新疆相似的反恐状况。面对国际与国内严峻的反恐形势，我国着重在西部重点地区采取了一系列严厉而有效的反恐举措，例如为了防止恐怖分子在境外策划行动、潜入境内实施，我国着力加强西北与西南边境以及与印度接壤的区域的边防管控，对出入境人员、物品进行严格检查，有效遏制了涉恐人员和财物的流动，制止了恐怖组织向我国境内的渗透。

我国在反恐问题上一贯立场坚定，我国政府及领导人多次在各种场合向世界传递中国反恐的坚定决心，在持续严打高压态势之下，恐怖主义犯罪得以有效抑制。总体来看，我国大局平稳，社会形势稳定，人民生活安定，是当前世界上最为稳定的国家之一。

第三节　恐怖主义犯罪侦防存在的问题

我国在打击与防范恐怖主义犯罪的实践中，已经初步形成较为规模化、高效化的侦防机制。然而犯罪是伴随着社会的发展而动态变化的，国际恐怖主义犯罪形势不断变化，反恐斗争不断呈现出新时期、新阶段的新特点，这给我国恐怖主义犯罪的侦防工作持续提出新的挑战。面对着国际、国内反恐斗争的严峻态势，我国当前恐怖主义犯罪侦防实践从宏观上看存在侦防协作系统不够成熟、情报导侦机制不够健全、侦查机制与防控体系建设不够完善等问题。

一、侦防协作系统不成熟

“互联网+”的时代是关联共融的时代，随着全球化、信息化促进

① 参见国务院新闻办公室：《“东突”恐怖势力难脱罪责》，人民网，http://www.people.com.cn/GB/shizheng/3586/20020121/652705.html。（上网时间：2018年5月10日）

人与人之间的链接日益频繁而紧密，在任何工作中各主体之间的协调与配合都更趋关键。面对违法犯罪区域化、组织化、智能化等新变化，公安机关、侦查部门已经无法做到“一家独打天下”，必须在团结合作中寻求共赢，依靠团队的力量与违法犯罪行为做斗争。近年来，我国涉恐怖主义犯罪活动发生频繁，国际社会恐怖主义威胁不断增大，恐怖主义活动呈现出全球化、组织化、网络化等特点，部分国家和地区接连遭受大型恐怖袭击，世界各国都无法完全摆脱恐怖主义的阴霾，合力打击恐怖主义是世界各国的必然选择。然而，从当前的情况看，无论是我国国内合成作战系统，还是国际警务合作系统，都呈现出意识领域统一度不够、在实战领域协作不得力等问题。

（一）国内合成作战不高效

2010 年 9 月，我国公安部正式提出，面对新的形势与挑战，在当前以及今后的一个时期内，全国刑侦部门要打好“合成战、科技战、信息战、证据战”，着力推进侦查方式的变革和创新。合成作战强调要以公安机关打击与预防犯罪的整体效能为出发点，以组织协调体系为核心，以科学信息技术为支持，以个体职业素养为保障，充分实现各警种、各部门、各层级、各地区之间的优势互补，致力发挥社会和警务资源的集成效能，全面提升公安机关驾驭复杂社会治安局势的能力。[①] 近年来，我国各级各地公安机关普遍重视加强警务合作、提高合成作战水平，也在不同程度上探索实践，但是，在一些地方、部门、警种中，各自为战的现象仍旧突出，分割单干的思维与行动方式制约了打击犯罪整体效能的提升。

具体就当前我国恐怖主义犯罪侦防实践来看，合成作战存在的问题主要表现在以下几个方面。第一，全局性认识不到位。尽管公安部一再提倡“全国一盘棋”的工作思路，但是片面狭隘的思维方式一直存在，部分地方仍旧热衷于“小而全”，地方保护主义明显，当遇到需要协作办案的情况时，往往是从本部门、本地方的利益出发，考虑是否积极协

---

① 参见李亦中：《论新形势下合成作战在公安刑事侦查工作中的运用》，《上海公安高等专科学校学报》2016 年第 26 卷第 4 期，第 34—39、59 页。

作、采取何种方式协作，而不是从全局角度考虑总体效益，导致侦防协作难以深入开展、良性运行。第二，情报信息的共享不足。情报信息的搜集与利用效果在很大程度上影响着公安机关打击与防控犯罪的实际效能，数据信息的有效共享、情报资源的顺畅交流是各警种、各部门、各地区合成作战的必备条件，然而实践中信息孤岛大量存在、数据壁垒仍然严重，单打独斗甚至相互掣肘的问题突出。第三，缺乏有效的组织指挥体系。系统高效的组织指挥体系是合成作战的必要条件，目前我国合成作战由公安部统一领导，在组织体系上自上而下垂直领导，反恐工作主要由公安部反恐局统筹开展，公安机关是应对大型、突发恐怖主义事件时的指挥者、协调者，公安部的反恐工作领导小组在指挥协调武警、军队以及其他社会力量时并不具备适格的主体地位，在我国目前的反恐协作体系中，尚欠缺超越各部门的、能够有效指挥、协调各部门的统一的领导指挥主体。第四，欠缺系统的管理考评机制。当前我国大部分地区公安机关之间的协作并无常态化的运行机制，部分地区虽然签署了侦防协作的规范性框架协议，但内容基本上是关于合作的理念、形式、程序等原则性的规定，缺乏切实的管理制度、考评制度、保障制度等配套机制。《毒品案件侦查协作规定》是我国现行法律法规方面关于侦查协作较为详细的规定，除了协作程序、涉毒财产处理等问题外，还在第六章共分四条规定了侦查协作的责任追究制度，但也只是通报批评、责令整改、制止纠正、追究刑事责任等原则性规定。没有配套机制的有力保障，合成作战的实际执行性将极大下降。

（二）国际警务合作不得力

多年以来，国际社会遭受恐怖主义的威胁不断增大，随着各国对恐怖主义打击力度的增强，恐怖组织及其成员向世界各地逃窜，恐怖主义犯罪显现出全球化、碎片化的新态势。如“伊斯兰国”打着宗教的旗号蒙蔽盲目的宗教追随者，肆意宣扬极端主义思想、实施血腥残忍的暴力恐怖活动，其威胁已不仅限于叙利亚、伊拉克、中东地区，现如今“IS”已经跳出中东地域，在阿富汗地区和非洲的萨赫勒地区快速壮大，并不断向欧洲、北非、中亚、南亚、东南亚区域渗透，威胁人类社会的和平稳定，国际社会必须合力对“IS”加以遏制。[①] 面对宗教极端主义、民族分裂主义、暴力恐怖主义的现实威胁，任何国家和地区都无法做到独善其身，国际警务合作是世界各国打击与防范恐怖主义的必然选择。

虽然各国已经普遍认识到团结一致、合作共赢是反恐斗争的不二选择，各个国家和地区在反恐合作中相互依存不断增强，但是由于部分国家的全球共同体意识不强、国际警务合作组织体系不健全等原因，反恐国际合作中仍然存在很多相互掣肘的问题，在国际联合反恐中各国明争暗斗、警务合作不得力、反恐效果不明显甚至越反越恐。以国际反恐联盟对“伊斯兰国”的打击为例，长年来以美国、俄罗斯、欧洲部分国家和沙特为首的逊尼派国家多次联合实施打击行动，但是成效却并不显著，究其原因主要是各国在反恐行动中步调不一致，缺乏协调与合作。打击恐怖主义自然是参与的国家越多越有力，然而如果各国之间明争暗斗、各谋私利、试图借反恐之名扩大自己的地域范围和影响力，则会极大削减打击恐怖主义的合力。美国、俄罗斯、沙特等将近 70 个国家分别组成的几个反恐联盟，无论从人力、财力、军事实力方面来看，都应该能够轻松打败极端组织“伊斯兰国”的约 3 万武装分子，但是如果这些联盟和主要国家之间勾心斗角、相互拆台，那么不但难以形成打击恐怖主义的合力，反而会有损自身实力。从当今世界反恐局势看，想要建成一个拥有共同目标、具备较强执行力的国际反恐联盟恐怕并非易事。[②]

二、情报导侦运行不畅达

情报导侦强调进行犯罪侦查与防控工作的人员要主动搜集、分析、研判各种信息资源，有效利用多种信息载体，充分借助大数据信息平台，以情报信息来助推主动型侦查、集约式侦查，从而达到及时有效破

---

① 参见反恐成绩单：《大逆转背后（视频资料）》，央视网，http：//news. cntv. cn/2016/01/09/VIDEbBvc4krb0YSqg4geUaVM160109. shtml。（上网时间：2020 年 10 月 2 日）

② 参见反恐成绩单：《大逆转背后（视频资料）》，央视网，http：//news. cntv. cn/2016/01/09/VIDEbBvc4krb0YSqg4geUaVM160109. shtml。（上网时间：2020 年 10 月 2 日）

获案件、遏制犯罪、预防犯罪的作用。与普通犯罪相比，恐怖主义犯罪的组织性、隐蔽性更强，社会危害性更大，因此情报信息在恐怖主义犯罪侦防中的意义更为重大，情报信息的及时获取与有效运用是恐怖主义犯罪侦防工作的重点所在。然而，目前我国的反恐情报体系尚且不够健全，反恐情报信息系统仅处于初步构建阶段，公安信息资源仅实现了部分共享，相关各部门各行业之间尚存在很多信息孤岛、数据壁垒，专业的情报分析人员不足，技术支撑尚不到位。具体来说，当前情报导侦机制在以下三个方面亟待改进。

第一，情报信息平台建设尚不完善。20 世纪 90 年代起，我国开始全面实施信息化工程建设，公安部于 1998 年提出公安信息化“金盾工程”建设计划，并于 2001 年 5 月正式立项，至今公安信息化工程已经历了 20 余年的建设发展，取得许多阶段性成果。2006 年 11 月，金盾一期工程通过了国家峻工验收，建成了全国公安一、二、三级主干网和连入网，初步实现了全国范围内公安机关部分业务工作信息化，展现出横向集成、纵向贯通、互联互通的公安信息化整体格局。2015 年 1 月，金盾二期工程正式竣工，基本建成了网络基础设施、安全技术设施和信息中心系统等基础性设施，在全国范围内初步完成了情报信息平台、信息共享平台的推广，建成了多发性侵财案件管理系统、吸毒人员动态管控系统等信息系统并且对金盾一期工程建设的人口信息、交通信息等系统进行了功能拓展。虽然我国情报信息平台建设已取得一定成绩，但是伴随着以数字化、网络化、智能化为特征的信息化浪潮迭代涌现，公安信息化也永无止境、需要不断创新发展。我国仍然需要不断加强情报信息基础平台建设，尤其要注重反恐情报信息系统的建立健全，提高在大数据时代从海量数据中收集、筛选、整理、研判、存储、共享有效情报信息的能力，着力建成平台型的应用系统、集约型的共享体系和集群型的数据库，不断提升公安信息化水平。

第二，情报信息壁垒仍然存在。侦查活动具有系统性，侦查主体需要从方方面面搜集涉案情报信息，以便能够充分全面地收集调取证据材料、查清案件事实、确认犯罪嫌疑人。在信息化社会，运用专业思维和正确方法及时、准确地收集和分析情报信息成为侦查活动的关键所在。我国公安机关“大情报”系统已经取得一定的成功经验，针对恐怖主义犯罪，更需要充分调动各行各业的情报信息互联互通，以数据资源共享为有力支持，发挥全社会的合力，共同打击与防范恐怖主义犯罪。目前，部分地方已经开展了公安机关与税务部门、银行金融机构等相关公共服务平台的信息共享，多地公安司法机关开始关注与社会各行各业的信息平台、各大数据公司的数据库的互联互通，但是从全国整体上看，信息孤岛仍未消除，数据壁垒依旧存在，要形成常态化、系统化的情报信息共享机制仍然有很长的路要走。一方面，各部门之间的信息融通受限，公安机关、审计部门、税务部门、通讯公司、互联网企业等都会产生大量有利于侦查与防控犯罪的数据资源，但是各部门的信息平台往往仅限于内部使用，侦查机关仅在办案需要时可以依法依规调取相关资料，并不能实时进行相关数据共享，这就使得对犯罪的侦查与防控存在一定的滞后性。另一方面，虽然近年来各级公安机关都强势推进信息共享机制的构建，但是由于情报信息共享尚且缺乏法律法规的规范，实行共享得不到激励、拒绝共享也不会受到惩处，加之情报信息的共享有时会与安全保密规定产生冲突等原因，目前我国公安机关的信息共享平台仍未完全满足实践需要。

第三，情报人才短缺，技术支撑不足。虽然情报信息的发现与搜集在一定程度上可以依靠社会群众的力量，但是对情报信息的筛选、汇总、整理、运用等后续关键环节，则必须依托专业的情报信息工作人员来进行，因此，建设专业化、高水平的情报人才队伍，是保障情报导侦机制有效运行的重要一环。情报分析与信息技术人才的水平不仅关系到公安机关对信息资源的发掘与利用程度，还关系到侦查与防控犯罪等各项警务工作的实际效能。在我国公安机关当前的实务工作中，无论指挥领导者还是实际办案人员，都更加注重以最快速度、最高效益侦查突破案件、维护社会稳定，而把对办案过程中获取的信息的整理、归档、再利用放到了次要位置。长此以往，虽然在办理每一个案件的过程中侦查人员都搜集运用了大量信息，但并未对这些信息进行有效系统的管理，这使得情报信息工作缺乏延续性，许多线索被搁置，大量情报信息流失。另外，情报信息系统的设计与运行管理涉及到计算机科学、数学、统计学等等诸多方面的专业知识和技能，数据的生成、采集、存储、交换等都需要专业人才提供长效技术支持。因此，完善我国情报导侦机制还需要培养具有高水平的信息分析研判能力的情报人才，并落实相关专业技术的有效支撑。

三、侦防运作机制不健全

犯罪是与人类社会相生相伴的一种社会的现象，不仅会对公民的人身权利及财产性权利造成侵害，而且可能危及正常的社会秩序与经济秩序，而恐怖主义犯罪更甚，在对公民和社会造成巨大损害的同时，还有损于国家安全和政治稳定，打击恐怖主义犯罪具有超越各种文明的全球性价值。现代法治国家的刑事追诉活动一般是由立案、侦查、审查起诉、审判与执行几个部分组成，侦查活动是刑事诉讼活动的重要组成部分，肩负着对涉嫌犯罪案件依法收集和调取证据、查明犯罪嫌疑与事实真相的重任，是后续各个环节开展的重要基础，因此侦查也可以被视作整个刑事司法活动的逻辑起点。在我国，侦查既不同于一般的行政活动，也不属于严格意义上的司法活动，而是与司法裁决、犯罪矫正一起，共同构成了刑事司法系统的三大要素，从刑事司法系统的根本目的以及侦查的任务上看，侦查的性质是一项刑事司法活动，其旨在维护刑事法律的公正。[①] 所谓侦查机制，即侦查有机体的构造、功能及相互关系，是一个内涵外延十分广泛的概念。恐怖主义犯罪侦防机制涵盖了恐怖主义犯罪侦防系统的构造、功能及其运行机理等诸多方面，以下将对恐怖主义犯罪侦防实践中在运行机制上表现出的一些问题进行归纳与梳理。

第一，组织协调机制不健全。在我国当前的恐怖主义犯罪侦防实践中，公安部下设反恐局，反恐局下设国家反恐怖工作领导小组，主要负责全国反恐工作的综合领导与协调。从全国范围看，公安部门不仅是承担常规反恐情报收集、侦查、防控等综合任务的主力，也是应对大型、突发恐怖主义事件时的指挥者与协调者。然而，防范与打击恐怖主义犯罪是一项长期而艰苦的战役，仅凭公安机关一家之力并不能完全应对，还需要武警部队、人民解放军及其他国家机关和社会力量的广泛协助。

---

① 参见杨宗辉：《侦查学总论》，中国检察出版社2009年版，第34—38页。

但在我国目前的侦防体系中，尚欠缺超越各部门的、能够组织、协调各部门的统一的领导指挥主体，隶属于公安部的反恐工作领导小组在指挥协调武警、军队以及其他社会力量时遇到了主体不适格的问题。

第二，反恐机构设置待优化。我国目前在公安部下设反恐局，统筹全国反恐工作；在各省级公安机关成立反恐总队，综合指挥协调本省范围内的反恐工作；在市级公安机关成立反恐支队，在县级公安机关成立反恐大队，分管本区域内的反恐工作；并根据实际需要设有若干职能处室，分别负责某一方面的具体工作。在层级划分上，反恐部门与刑侦部门、技侦部门、治安部门等处于并列关系，属于特别针对暴恐犯罪而设立的警种，主要负责对涉恐情报的收集与研判、对恐怖主义事件的预警、预防及应对处置，强化应急实战演练，并进行防范恐怖主义的宣传教育。总体上看，各层级反恐机构的设置整齐有序，但是在部分地区的实际运行中暴露出颇多问题。

第三，侦查措施运用不得力。侦查措施的范围十分广泛，既包括拘传、拘留、逮捕、询问讯问、勘验检查、技术侦查等由《刑事诉讼法》规定的措施，又包括追击堵截、控制赃物、跟踪监视、运用特情等由其他法律法规予以规范的措施，侦查措施具有法定性，需要有相关法律法规的明确授权方可运用，同时侦查措施也具有发展性，在侦查实践中不断总结、创造、完善。[①] 恐怖主义犯罪的侦查需要综合运用多种侦查措施，要进行常规性的现场勘查、现场调查、对嫌疑人进行讯问等，还要在紧急情况下采取追击堵截、通缉通报等措施，在必要情况下还应当采取秘密侦查措施等等。然而在实践工作中，由于恐怖主义犯罪的复杂性，侦查人员在具体办案过程中可能出现侦查措施运用不得力的情况。以我国公安机关2010年6月破获的一起极端组织案件为例，该组织头目是境外“东伊运”派遣入境人员，该极端组织自2008年以来在新疆喀什、库车等地策划实施了多起暴恐案件，其成员长期流窜于新疆、河南、云南、广东等地，暗中从事暴恐活动，筹措资金、购置危爆原料、发展培训成员，在外逃过程中还受到境外“东突”组织的资助与接应，我国侦查机关虽运用多种侦查措施、广泛发动多部门协作，但基于案件

① 参见杨宗辉：《侦查学总论》，中国检察出版社2009年版，第307—308页。

的隐蔽性、跨区域性等复杂状况，耗时2年才最终告破。[①]

四、防控体系建设不完善

打击与防范恐怖主义犯罪，仅依靠犯罪行为发生之后的犯罪惩治远不足以有效应对，还需要着眼于犯罪发生前的综合性犯罪防控措施，通过对犯罪发生的风险研判与及时预警、限制犯罪机会的情景预防、宣传普及知识等综合性社会预防措施，加强立体化、信息化社会治安防控体系构建，以达到削减犯罪产生的条件、降低犯罪发生率的目的。我国多年来持续加强社会治安防控体系建设取得明显成效，在恐怖主义犯罪预测预警预防方面也取得一定经验，但实践中仍然存在一些问题。

第一，事前预防观念不深入。如今社会已经迈入风险时代，怎样及时发现并有效应对各种矛盾和风险，是我们需要面对的重要课题。随着经济全球的进程加快，恐怖主义全球蔓延增速，虽然世界各国持续强势打击恐怖主义，但由于种种复杂原因恐怖主义事件爆发的风险有增无减。然而，我国侦防机关在应对恐怖主义犯罪方面，仍受到传统思路的影响，偏向重视事后的应急处置，而相对轻视事前的预测预警预防，对犯罪防控的人力、物力、财力资源调配不均，对犯罪预防的动员宣传也往往流于形式，缺乏实效性。从普通民众的角度看，广大群众认为恐怖主义等字眼与自己的日常生活相距甚远，对恐怖主义的预警、预防意识薄弱，对科学、系统的反恐知识和应急处置知识知之甚少，我国公安部官网醒目位置有《公民防范暴恐袭击手册》，却鲜少有人深入阅览学习，当面临突发性暴恐事件时，群众普遍缺乏自救能力和互助能力。

第二，社会参与度不高。社会治安防控体系建设强调综合治理，但当前社会资源整合尚缺乏力度，各部门齐抓共管的局面尚未完全形成，社会治理的主要力量仍然仅集中于政法各机关，尤其是公安机关，要实现社会各方协同、群众普遍参与的综合治理模式尚需要各方持续努力。社会治安综合治理涉及人口管理、犯罪预防、危险物品管理、重点行业

---

① 参见《公安部召开新闻发布会通报中国公安机关破获一起重大恐怖组织案件有关情况》，中华人民共和国公安部网站，http：//www.mps.gov.cn/n2253534/n2253875/n2253877/c3742833/content.html。（上网时间：2018年4月5日）

场所管理等方面，这些工作与工商部门、民政部门、金融机构、通讯机构等各行业息息相关，然而许多政府部门、企事业单位、社会组织仍认为治安治理与犯罪防控是公安机关一家之责，难以找准自己在社会治安防控体系中的定位，人民群众也很少主动参与社会治安防控，全社会尚且没有形成共建、共治、共享的合力。

第三，各地建设不平衡。由于经济发展水平不一、政府重视程度不同等原因，我国不同地区的犯罪防控体系建设水平差距较大，相对发达地区建起了较为严密的防控网络，例如湖北等地已建成集巡控网、安防网、内保网、科技网为一体的治安防控体系，而欠发达地区却无论在硬件设施还是在软件技术上都非常滞后。值得注意的是，仅发达地区建成相对完善的防控体系并不能真正减少全国范围内的犯罪总量，违法犯罪分子可能从防控完备、难于实施违法犯罪活动的地区转移到防控疏漏的地区，反而造成临近地区违法犯罪的攀升。例如，2011 年深圳警方为了保障世界大学生运动会的顺利进行开展了治安高危人员排查清理行动，在大约 3 个月内将 8 万余名“治安高危人员”清出深圳市，然而仅仅一个月后，近邻东莞市警方表示，深圳的清查行动直接导致高危人群大量涌入东莞，给东莞治安造成极大压力。[①] 另外，随着城市化的深入发展，我国流动人口多年来持续增加，据资料显示，全国流动人口数在 1982 年约为 657 万，在 2000 年达 1.4 亿，到 2009 年已达 2.11 亿。[②] 据《中国流动人口发展报告》显示，到 2015 年末，全国流动人口总数达 2.47 亿，约占到我国总人口数的 18%。[③] 流动人口在加快城乡经济融合、促进社会资源合理配置的同时，也极大地增加了人口管理、犯罪预防、侦查破案的难度，加之各地警务协作机制尚不健全，给社会治安防控带来巨大压力。

第四，保障机制不到位。社会治安防控是一项系统工程，需要有全面而充分的保障，才能为积极有效的犯罪预防提供后备支撑。但我国当

---

① 参见东莞警方：《深圳部分高危人群流入东莞》，网易新闻，http：//news.163.com/11/0601/04/75EGGAVJ0001124J.html。

② 参见李晓明、张跃进：《社会治安防控体系建设研究》，法律出版社 2012 年版，第 387 页。

③ 参见《我国流动人口数 2.47 亿》，凤凰网，http：//news.ifeng.com/a/20161019/50124421_0.shtml。（上网时间：2018 年 4 月 12 日）

前治安综合防控体系建设的保障机制尚不完善。首先，法制保障不足，虽然《反恐怖主义法》规定了全体社会成员都有协助、配合反恐工作的义务，《关于加强社会治安防控体系建设的意见》也提出要积极扩大公众参与、充分发挥社会协调作用，但都流于原则性规定，缺乏对具体主体在社会治安综合治理中的地位、职责等的具体规制，各地方还需要在现有法律框架下制定分级、分类的指导意见和具体实施方案。其次，经费保障不足，部分地方用于治安防控的政府财政预算不足使得防控措施难以落实。此外，我国治安防控体系建设及反恐防范机制的建设过程中，还受到专业技术人员保障不足、救援救助系统保障不足、后勤技术装备保障不足等掣肘，完善各项保障机制是推进社会治安综合防控体系建设的重要支撑。

第四章　恐怖主义犯罪侦防的域外比较

几十年来，世界范围内的恐怖主义犯罪从未消停，甚至呈现出全球化扩散、愈演愈烈的趋势。从美国“9·11”事件，到俄罗斯莫斯科剧院绑架事件、别斯兰人质事件、莫斯科地铁站连环爆炸事件、客机坠毁事件，到法国巴黎恐怖袭击事件，再到英国议会大厦恐怖袭击事件，恐怖势力不断在世界各地制造暴力恐怖事件，引起世界人民的极大恐慌，国际反恐形势十分严峻。本章着重对两大法系中在恐怖主义犯罪惩治与防范方面有代表性的美国、以色列、俄罗斯、法国等典型国家的恐怖主义犯罪历史渊源与侦防机制等进行研究与评析，旨在梳理典型国家与恐怖主义犯罪的斗争经验，为我国恐怖主义犯罪侦防的理论研究与实务工作提供借鉴。

第一节　英美法系国家

一、美国的恐怖主义犯罪侦防

自20世纪60年代恐怖主义泛滥时起美国就成为恐怖主义的重点袭击目标，据统计，在1968年至2002年这35年间发生反美恐怖活动6431起，占到全球恐怖活动的37.8%。[①] 另有美国预防恐怖主义研究所的统计显示，自1968年11月至2008年1月17日，美国共发生恐怖活

① 参见戴艳梅：《国际反恐实务》，中国言实出版社2015年版，第1页。

动 34943 起，导致 53824 人死亡、123640 人受伤。[①] 可以说，美国长久以来一直是恐怖活动的重灾区。2001 年“9·11”事件是发生在美国本土最严重的恐怖袭击，直接造成 2996 人遇难，据联合国统计此次恐怖袭击美国遭受经济损失 2000 亿美元，全球间接经济损失高达 1 万亿美元。“9·11”事件引起美国反恐战略甚至全球战略的根本性转变，其中不乏一些引起全球广泛关注甚至争议的做法，例如布什政府试图采取战争手腕来扼杀恐怖主义，在伊朗、阿富汗、巴基斯坦、索马里等地都曾发动军事打击。美国在与“基地”组织、塔利班的长期严酷斗争中，积累了丰富的反恐经验与教训，形成了最具规模的情报网络，建立了较为完备的综合处置与应急系统，是最早实施反恐预警的国家，有许多值得借鉴思考之处。

（一）恐怖主义犯罪侦防相关立法

早在“9·11”事件发生之前，美国就制定了很多关于反恐的法律法规，如《美国法典》对国际恐怖主义的概念进行了界定；1983 年里根政府就颁布了《关于国际恐怖主义活动的总统特别指令》；1984 年签署了《禁止支援恐怖主义活动法案》《提供恐怖主义活动情报奖励法》等四项法案，构建起了在反恐行动中的“悬赏计划”（Reward Program），给予提供反恐情报的人高额悬赏金；1986 年制定了《外交安全和反恐怖主义法案》；1995 年国会通过了《反恐怖主义法案》，增派 1000 名反恐特工人员及专家、增拨 20 亿美元打击恐怖主义，为反恐投注大量人力、物力、财力；除此之外，美国还制定了涉及情报工作的诸多立法和战略。

“9·11”事件引起全美各界的轰动，对美国的既有观念和社会制度都提出了新的挑战，特别是在反恐怖主义领域，美国政府加紧制定相关法律法规、改革情报工作机制。2001 年 10 月，美国国会迅速颁布了特别针对反恐怖主义制定的《爱国者法案》（USA PATRIOT），牺牲了美国所一直标榜的部分公民权利和自由，赋予了执法机关在侦查与预防

---

① 参见［古巴］亚历杭德罗·卡斯特罗·埃斯平：《恐怖的帝国——新千年的跨国安全、反恐与全球危机》，徐世澄译，五洲传播出版社 2015 年版。

活动中极大的权力，例如，联合执法人员可以不必通过司法审查而直接对公民实施上网记录查看、邮件检阅、银行资产查询、个人情况调查、监听窃听等，尽管这些措施有侵犯公民权利的风险、受到许多争议，但美国国会仍然在2006年批准延长《爱国者法案》，可见该法案在反恐行动和情报获取中都起到不容小觑的作用。2004年12月，美国颁布了《情报改革与防止恐怖主义法案》，布什政府采取一系列措施改革美国情报机制，该法案的签署标志着美国目前为止最大规模的情报改革的开启。除了这两部专门针对反恐怖主义的法案外，美国还分别就进出口管理、边境安全等问题颁布了相关法律法规，其中有很多涉及反恐的条款。

然而，由于美国反恐立法中缺少对宣扬暴力恐怖、极端主义等言行的规制，美国司法机关在对宣扬与传播极端主义、恐怖主义的行为的处置中遇到了难题。美国宪法规定言论自由，1969年布兰登堡诉俄亥俄州案形成了保护言论自由的判例，尽管布兰登堡公开宣扬种族仇恨、煽动暴力，被俄亥俄州法院定罪，但联邦最高法院却认为其不符合言论入罪的条件。因而，对宣扬极端主义言论的处置构成了美国司法实践的困境。有美国学者提出，应当反思布兰登堡案形成的言论入罪的标准，对于极端主义的言论、仪式、行动等都应当予以限制，并建议立法者对极端主义对国家安全、社会秩序的威胁的容忍范围做出明确的界定，比如某一极端分子个人负面评价其他宗教，并不形成对国家与社会的危险，但如果极端分子煽动对其他宗教的暴力破坏，则构成了对社会安全与秩序的威胁。①

（二）美国的情报机制

“9·11”事件引起美国情报体系有史以来最大规模的改革，美国在国内外建立了强大的反恐情报网络，构建起了相对完备的反恐情报运行机制。

首先，美国制定了一系列国家反恐情报战略。2002年9月公布的

---

① 参见胡田野：《借鉴与完善：遏制宗教极端主义的立法研究》，《政法学刊》2013年第30卷第5期，第57—64页。

《国家安全战略》中提出，美国的国家安全威胁主要来自恐怖主义、大规模杀伤性武器和地区冲突这三个方面，报告旗帜鲜明地将反恐列为美国安全战略的重中之重，并以“先发制人”作为战略基石，认为应当将对情报的及时获取作为防范恐怖主义威胁的首要防线。[①] 2003 年 2 月美国《反恐国家战略》出台，细化规制了包括部门机构建制、指挥协调、国际合作等反恐情报工作的具体问题。2005 年 10 月美国首次公布了《国家情报战略》，将“整合”作为情报工作应遵循的重要准则，2009 年与 2014 年第二、三版《国家情报战略》都将“一体化”作为情报工作的目标，不论在情报体制上，还是在工作流程与管理上，都将一体化与联合共享作为情报工作的理念。[②] 经过十几年的发展变革，美国的情报战略体系已基本成型。

其次，美国对情报机构进行了大刀阔斧的改革。“9·11”事件促进了中央情报局的反思与整改，中情局调整内部机构设置，集中力量扩大情报来源、增强情报的分析与合作。联邦调查局也在 2002 年进行改组，重新组建反恐部门、加强情报分析和信息共享，将防范与打击恐怖主义列为联邦调查局的工作重点。此外，美国还组建国土安全部，负责协调反恐情报机构；在国防部成立情报局，专职负责反恐情报的搜集；在财政部设立反恐金融情报办公室，切断恐怖主义活动的资金链条。美国逐渐形成了较为完备的国家情报共同体，其主要组成机构如图 4—1 所示：

另外，美国为了及时获取反恐情报，在全国范围内广泛运用高额奖金悬赏、数字化监听等特殊手段。美国自 1984 年在反恐行动中实施“悬赏计划”，给予提供反恐情报的人高额悬赏金，以重金奖励来鼓励大众提供打击恐怖分子、摧毁恐怖组织的有效情报；1988 年，美国进一步拓宽了悬赏金的奖励范围，将凡是提供关乎美国国家利益的反恐情报都纳入悬赏奖励的范围，并将奖励金的上限提高到 50 万美元；1989 年，

---

① 参见唐国栋：《最新〈美国国家安全战略〉报告浅析》，《现代国际关系》2002 年第 10 期，第 18—22 页。

② 参见单东：《〈美国国家情报战略〉演变的基本逻辑分析》，《情报杂志》2016 年第 35 卷第 2 期，第 21—24 页。

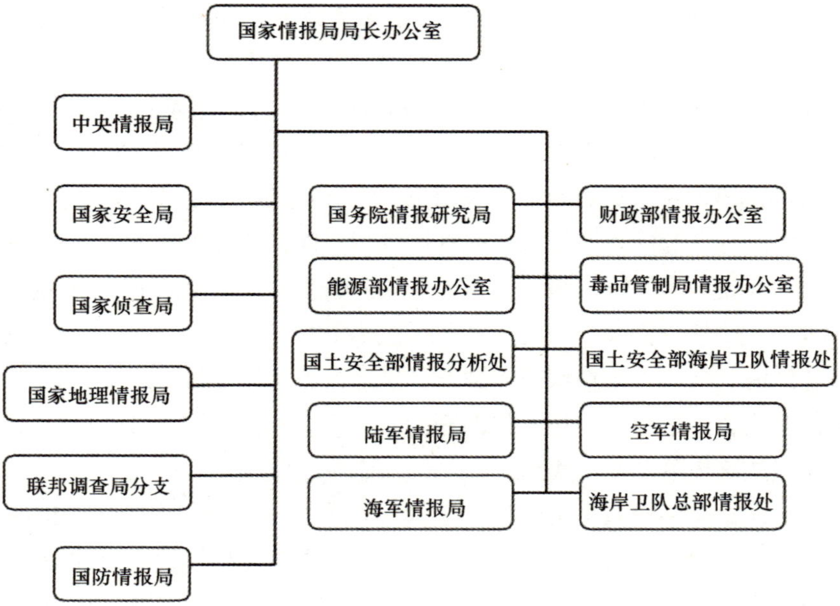

图 4—1 美国国家情报共同体主要组成机构①

资料来源：［古巴］亚历杭德罗·卡斯特罗·埃斯平著，徐世澄译：《恐怖的帝国——新千年的跨国安全、反恐与全球危机》，五洲传播出版社 2015 年版，第 225 页。

布什政府再次签署法令将悬赏奖金的最高额度提升至 200 万美元；1998 年，美国面对其驻肯尼亚与坦桑尼亚大使馆双双被炸的局面，巨额悬赏 500 万美元缉拿恐怖分子本·拉登。② 多年以来，通过奖励金悬赏来获取反恐情报信息已经成为美国打击与防范恐怖主义的常用手段。

美国情报机关的监听、监视运用范围十分广泛。自 1978 年起美国《监听法》就授予情报机构通过电子窃听的方式来搜集关涉其国家利益的外国情报的权力，即使没有十分恰当的理由怀疑某人实施了犯罪，政府也可以合法侵入美国公民或者其他在美国的人员或组织的电子信息，其前提是政府能够向特别法庭提供一定的证据来证明这些人员或组织在

---

① 参见［古巴］亚历杭德罗·卡斯特罗·埃斯平：《恐怖的帝国——新千年的跨国安全、反恐与全球危机》，徐世澄译，五洲传播出版社 2015 年版，第 225 页。

② 参见林泉：《航空恐怖主义犯罪的防范与控制》，法律出版社 2015 年版，第 268 页。

代表外国势力进行活动。① 然而，美国《监听法》确立的监听机制较为复杂混乱，并没有达到有效搜集情报的实效，“9·11”事件后《监听法》受到多方质疑。伴随着数字化时代的到来，通信技术飞速发展，电子信息在提高人们交流能力的同时，也为犯罪提供了便利，在通信信息中隐藏了许多的情报信息，于是美国政府开始尝试对美国平民的通信进行拦截，试图从中搜集情报。美国《时代周刊》2005 年 12 月的报道中提及，时任总统布什在没有取得特别法庭授权的情况下，为了寻找恐怖主义活动的线索，授权国家安全局窃听美国人和其他在美国境内的人的通信。② 美国相关机构监听权的泛滥化引起国内民众与国际社会的诸多质疑，美国面对强大的舆论压力，对监听措施的运用有所收敛，在 2007 年《保护美国法》施行后，其监听措施不再适用于在美国本土以外的人，但至今都没有设立确保监听不会侵犯无辜民众的隐私或自由表达的权利的相应机制。

（三）美国的综合处理与应急系统

美国在防范与遏制恐怖主义方面制定了全面系统的综合性战略，统筹协调国家安全委员会、中央情报局、联邦调查局等各相关部门的反恐工作，形成了相对完备的反恐综合处理体系。例如，美国国家安全委员会的主要职责是反恐政策的制定与对相关部门的指挥、协调；国务院反恐办公室主要负责处理国外恐怖主义活动和所涉及的外交问题；联邦调查局的主要任务则是国内反恐；国防部主要负责对生化武器、核武器等相关武器的扩散与反扩散研究；能源部“核突发事件搜索队”则主要负责处理核事故。③ 各相关部门分工与合作相结合，将防范与打击恐怖主义作为一项系统工程来处理，相关各方协力予以综合应对。

---

① Foreign Intelligence Surveillance Act, Pub. L. No. 95 – 511, § 105 (a), 92 Stat. 1783, 1790 [codified at 50 USC § 1805 (a)]. 转引自维克托·V. 拉姆拉伊等：《全球反恐立法和政策》，杜邈等译，中国政法大学出版社 2016 年版，第 414 页。

② James Risen and Eric Lichtblau," Bush lets US spy on callers without couurts", *New York Times*, 16 December 2005. 转引自维克托·V. 拉姆拉伊等：《全球反恐立法和政策》，杜邈等译，中国政法大学出版社 2016 年版，第 416 页。

③ 参见林泉：《航空恐怖主义犯罪的防范与控制》，法律出版社 2015 年版，第 268—269 页。

2002年3月，美国率先开始实施五级反恐预警机制，对恐怖主义事件的危险级别由弱到强分为绿、蓝、黄、橙、红五级，联邦各机构根据司法部发布的危险级别而采取相应的行动。一般而言，绿色、蓝色时受到恐怖主义威胁的风险较低；黄色级别时要加强设备观察与监控；橙色级别已经有较高危险，政府要加强重点场所、交通枢纽部位的安全防范措施；当危险达到红色时，必须立刻采取安保措施，及时疏散人员、清理公共场所等。

"9·11"事件后美国致力于在金融领域打击恐怖主义，断绝恐怖主义的资金来源，从源头上预防与遏制恐怖主义。2001年10月初，美国国务院公布了包括"基地"组织在内的25个国际恐怖主义组织名单，并冻结这些组织在美国和他国的财产，这项冻结恐怖组织资产的行动得到全球许多国家的支持，短短1个月内就有超过120个国家加入进来，对阿富汗塔利班政权和"基地"组织在全球范围内的至少5600万美元的资产予以冻结。[①] 美国在财政部专门设立了由情报机构、执法部门及金融部门的工作人员组成的恐怖分子外国资产追踪中心，专职处理恐怖组织在世界范围内的资产，切断其资金来源，摧毁其后勤保障。

严格的出入境管理制度也是美国防范恐怖主义的重要举措。美国国会2002年颁布的《加强边境安全和签证入境改革法》要求移民局研发新型旅行证件，证件上必须带有人体生物特征；布什政府发布的移民政策规定，凡是进入美国的人都必须接受严格的背景调查。早在2004年，美国就启用了数字化的出入境管理系统，实现了对所有入境者资料的自动化共享，对出入境者实行有效监控，防止恐怖分子入境。自2009年1月起，美国实施了更为严格的出入境管理措施，即便是持有绿卡的人，也被要求同普通外籍旅客一样，必须捺印十指指纹并且拍照方能进入美国；无需捺印十指指纹并拍照的只有年龄在14周岁以下、79周岁以上者，持A签证和G签证者，持B签证赴美短期洽公、旅游的加拿大人。[②]

---

① 参见邓新元、刘肖岩、屈健：《国外现代反恐机制比较研究》，群众出版社2014年版，第71页。

② 参见邓新元、刘肖岩、屈健：《国外现代反恐机制比较研究》，群众出版社2014年版，第70—71页。

（四）美国的国际反恐合作

美国十分重视在反恐领域的国际合作，希望通过强有力的国际反恐合作，能够快速、全方位地打击国际恐怖主义势力。美国在国际反恐合作方面采取诸多措施，例如，与众多国家签订了反国际恐怖主义的协议，在世界各地派驻反恐专家和特别行动小组，帮助许多国家开展反恐训练、培训反恐人员，为一些欠发达国家提供较为先进的反恐技术设备等。在美国极度关注的反恐情报方面，美国更是高度重视双边与多边国际合作。许多合作国家的情报机构为美国提供了大量反恐情报，成为美国境外反恐情报的重要来源。"多年以来，美国反恐政策最大的特点就是同许多关键国家建立了双边情报联系。"① 双边合作是国际反恐合作的一种有效方式，是遭受共同的恐怖主义威胁、有着共同利益关切的国家之间共同选择的有效应对国际恐怖主义的途径。美国与俄罗斯、以色列、印度、意大利、澳大利亚等众多国家签订了双边反恐协议，我国也与美国在"9·11"事件后开展了正式的反恐情报交流与合作。除了双边合作之外，美国还与盟国开展了多边反恐合作，在区域性组织中广泛进行反恐情报交流。然而，尽管国际社会共同致力打击与防范恐怖主义，但是不同国家对恐怖主义组织、人员的认定有分歧，加之美国在反恐问题上的单边主义立场和双重标准，使得反恐国际合作受到一定的阻碍。

二、以色列的恐怖主义犯罪侦防

以色列自1948年成立以来，就陷入连续不断的政治纷争与军事冲突中，几十年来一直是全世界范围内遭受恐怖主义危害最为严重的国家。以色列的恐怖主义泛滥有着深刻的历史根源与民族、宗教渊源。从历史上看，阿以矛盾由来已久，以色列建国的第二天就遭受了埃及、叙利亚、黎巴嫩与伊拉克四国的联合攻击，领土纷争是阿以矛盾的主要根

① Gampbell, M. Durt and Flournoy M. Michele, "To Prevail: An American Strategy for the Campaign against Terrorism", the CSIS Press, Washington D. C., 2001, p. 81. 转引自戴艳梅：《国际反恐实务》，中国言实出版社2015年版，第39页。

源，也是难以化解的历史遗留问题。有数据显示，近年来发生在以色列境内外的针对以色列公民的大型恐怖袭击数量为 2007 年 2 起、2008 年 17 起、2009 年 8 起、2010 年 8 起、2011 年 9 起、2012 年 6 起；恐怖袭击方式主要是火箭炮、枪击与爆炸袭击；实施恐怖袭击的主体主要集中于哈马斯、伊斯兰圣战组织以及阿克萨烈士旅等。[①] 虽然与以色列历史上进行纵向比较，其遭受的恐怖袭击数量在近年来已大幅下降，但在世界范围内进行横向比较，以色列仍旧是蒙受恐怖袭击的重灾区。

面对长期以来异常严峻的恐怖主义威胁，以色列逐渐摸索出有效的反恐措施、建立了系统的反恐机制，积累了成功的反恐经验，在发生恐怖事件的应急管理、遏制与防范恐怖袭击、减少恐怖事件的损害等方面卓有成效。得益于有效的反恐机制，接连发生的恐怖事件并未对以色列的经济社会发展造成严重损害，以色列的经济发展水平多年来位居中东地区前列。近年来，世界各国纷纷派出反恐工作人员赴以色列进行学习、接受培训，以色列相关部门及人员也多次召开或参加研讨会就其反恐经验进行报告与传授。以色列在其中部地区建立“反恐城”，多次对外表示，以色列作为一个深受恐怖主义危害的国家，积累了丰富的反恐经验，欢迎世界各国到以色列接受训练。[②] 1979 年，在许多国家还不承认国际恐怖主义现象的存在时，以色列已经作为全球首个国家倡议召开国际恐怖主义研讨会。[③]

（一）以色列的反恐法制

以色列的反恐立法由来已久，最早可追溯至 1945 年英国管辖巴勒斯坦时期颁布的《国防（紧急）条例》，这是英国政府为了应对抵抗运动所颁行的一部反恐法律，涵盖了诸如政府可以羁押或者驱逐嫌疑人出境等许多详细且严厉的反恐条款。1948 年以色列建国后，恐怖事件频发、安全形势严峻、国家时刻处于紧急状态之中，面对周围阿拉伯国

① 参见邓新元、刘肖岩、屈健：《国外现代反恐机制比较研究》，群众出版社 2014 年版，第 133—135 页。

② 参见刘洪：《以色列借别斯兰事件推行“反恐外交”》，《国际先驱导报》2004 年第 9 期。

③ 参见邓新元、刘肖岩、屈健：《国外现代反恐机制比较研究》，群众出版社 2014 年版，第 151 页。

家、当地巴勒斯坦激进分子以及犹太极端组织等众多威胁，政府将反恐提到国家战略的高度，建国后迅速颁布《预防恐怖主义条例》，界定了恐怖主义的相关概念，授权政府认定恐怖组织，并规定了应对恐怖主义相关行为的处置办法、司法程序等问题。该条例自颁行以来已经过 7 次修改，时至今日依然发挥着法律效用。2011 年以色列司法部门尝试改革现行反恐立法，起草了《反恐怖主义法》草案，旨在将反恐法融入以色列常规法律体系中。除了反恐专门立法之外，以色列在《刑法》《羁押法》等相关法律法规中也有涉及恐怖主义犯罪的相应规定。

（二）以色列的综合反恐战略

反恐无疑是以色列国家安全战略的重要环节，以色列奉行全社会综合反恐的理念，即反恐不仅是军队及安全部门的职责，也是经济、文化、外交等各相关部门的责任，更是全社会、全体公民的共同义务。

首先，以色列有较为健全的专门反恐指挥决策机构、情报机构和行动机构。以色列由总理主持的内阁会议是反恐问题的最高决策机构，内阁会议下设的国防军总参谋部是反恐指挥机构，国家安全委员会下设的反恐委员会是反恐协调机构。[①] 以色列建立了组织严密且协作效率较高的情报机构，主要包括五个部门：负责国外情报的秘密情报部门摩萨德，隶属于总参谋部的军事情报部门阿穆恩，负责国内安全事务和反恐情报的国家安全局欣贝特，外交部政策计划与研究中心和警察总局情报与调查处。[②] 而反恐行动部门主要由军队、边防军和国家警察系统组成。目前在以色列军队当中专门承担反恐任务的部队有十余支，主要可以分为反恐突击部队、反恐掩护部队与反恐支援部队三大类，其中，反恐突击部队主要负责人质营救；反恐掩护部队负责事发现场的安全警戒、事态控制、情报搜集等；反恐支援部队则主要负责对突击部队和掩护部队进行支持援助，包括计算机专家协助、爆炸物处理、军犬搜索、

---

① 参见邓新元、刘肖岩、屈健：《国外现代反恐机制比较研究》，群众出版社 2014 年版，第 151—152 页。

② 参见邓新元、刘肖岩、屈健：《国外现代反恐机制比较研究》，群众出版社 2014 年版，第 152—154 页。

电子干扰等。[①]

其次，以色列在经济、文化、外交等领域都格外重视配合反恐工作。例如，在俄罗斯别斯兰人质事件后，以色列时任总理沙龙第一时间致电俄罗斯总统普京，建议两国协力共同反恐、加强在反恐领域的情报合作，并邀请各国到以色列接受反恐培训、交流反恐经验，得到国际社会的高度评价。[②] 又如，以色列通过其非政府组织“反恐国际研究所”编写辅导书目《恐怖主义大全》，全面系统地向公民介绍恐怖主义的渊源、现状、危害以及应对恐怖事件的防范与处置方法等，通过文化传播领域做好反恐宣教工作。[③]

另外，以色列在反恐法律法规中，规定了对公民反恐的一些具体要求。例如，以色列政府对出租车司机提出了提高反恐警惕性的要求，出租车司机有义务判断乘客是否捆绑了人体炸弹，如果出租车搭载了捆绑有人体炸弹的乘客，司机也要受到法律惩罚。在 2004 年，一名犹太人出租车司机就因“为凶手提供帮助”受到特拉维夫法院的起诉。[④] 以色列的全民全面综合反恐战略的实施，有效地防范和遏制了恐怖主义犯罪。

（三）以色列的反恐科技

以色列的军工企业和半军工企业多年来都不断致力于高新反恐装备的研究，取得很多新型科技成果，以色列在反恐科技方面远远领先于世界水平。在常规反恐技术方面，主要包括以下几大类别：爆炸物探测技术、图像监控技术、生物反恐技术、数据处理技术。特别值得关注的是，以色列除了运用这些普遍通行的常规技术手段外，还不断研发新型反恐技术装备，如为了减少巷战中的平民伤亡研制了“阵地战小分队集成系统”，为了保障飞机飞行安全研发了“客运飞机反导系统”，还有无人机技术、无人驾驶巡逻车技术、非法闯入检测技术等。以色列已经

---

① 参见林泉：《航空恐怖主义犯罪的防范与控制》，法律出版社 2015 年版，第 281 页。

② 参见刘洪：《以色列借别斯兰事件推行“反恐外交”》，《国际先驱导报》2004 年第 9 期。

③ 参见邓新元、刘肖岩、屈健：《国外现代反恐机制比较研究》，群众出版社 2014 年版，第 144 页。

④ 参见戴艳梅：《国际反恐实务》，中国言实出版社 2015 年版，第 168 页。

投入运营的“反恐公共汽车”涵盖了电子感应、爆炸材料识别、弹道导弹技术等许多科技元素，是以色列将反恐高新科技运用于社会生活的典型代表，如果有携带危险品的恐怖分子靠近公共汽车，在距离车辆1米远时车内遥感器就会发出警报，司机则立即关闭车门阻止该恐怖分子上车，司机也可以主观上判断乘客是否为可疑人员，通过操控红绿按钮来控制是否允许该乘客上车，车辆还安装了特殊栏杆以确保只能前门上车、后门下车，防止有可疑人员从后门蒙混进入车辆。[①]

（四）以色列的其他典型反恐措施

基于历史遗留纷争难解和现实恐怖主义威胁严峻造成的特殊国情，以色列采取了一些特殊的反恐措施，包括修建隔离墙、单边撤离计划以及定点清除措施等。这些反恐措施在打击和防范恐怖主义、保卫以色列国家安全方面取得一定成效，但在国际社会上尚有争议。

1. 修建隔离墙。以色列认为其之所以不断遭受严重的恐怖主义威胁，最主要的原因是阿拉伯国家的各种激进组织试图建立独立的巴勒斯坦国，特别是在加沙和约旦河西岸的巴勒斯坦自治区域。而以色列与巴勒斯坦自治区域在地理位置上紧紧相连，缺乏自然屏障，恐怖分子可以大肆进入以色列境内，这就给以色列居民的安全带来很多不安定因素。因此，以色列为了防止恐怖分子进入其领地袭击平民，就在其占领地修建所谓“保护墙”，又称“安全墙”“反恐墙”，以此来隔离以色列居民和巴勒斯坦居民。以色列还将其居民的定居地点从加沙地带迁移出来，以求在以色列与巴勒斯坦之间形成缓冲区域，加强隔离效果。隔离墙计划并没有得到国际社会的支持，但以色列认为修建隔离墙对其国家安全和防范恐怖主义威胁十分重要，仍然坚持修建。

2. 单边撤离计划。2003 年 11 月，以色列方面首次提出了“单边行动”的意向，准备单方面从以色列在 1967 年中东战争中占领的一部分巴勒斯坦土地上撤离，分阶段逐步拆除在加沙地带和约旦河西岸的犹太人定居点，以实现和巴勒斯坦地区的分离，并且重新部署国防军队，建

---

① 参见林泉：《航空恐怖主义犯罪的防范与控制》，法律出版社 2015 年版，第 282—283 页。

立更易于以色列防守的“安全边境线”。这项计划受到以色列国内及国际社会的颇多议论。

3. 定点清除措施。以色列允许在采取其他反恐措施不能有效遏制恐怖主义活动的情况下，通过投放炸弹或发射导弹等方式对恐怖组织的头目实施“定点清除”，且实施该措施不仅限于以色列直接控制的领土，还可以对以色列领土外的恐怖组织头目进行“定点清除”。当然，进行“定点清除”也有一定的限制条件，主要包括以下四项：一是要有充分的证据证明该人是可以被适用“定点清除”措施的恐怖组织头目，而不能伤害无辜人士；二是只有当采取其他伤害性更小的措施无法达到效果时，方能启用该措施；三是当“定点清除”的目标确定后，必须及时展开对行动的精确性、可能造成的危害等问题的全面调查；四是要尽全力避免对无辜平民的附加伤害，需要权衡“定点清除”的效果与不采取行动的危害孰轻孰重，以决定是否采取“定点清除”行动。① 以色列军事科技的不断进步为“定点清除”提供了条件，但是该行动实施以来已经造成不少巴勒斯坦无辜平民的死亡，以色列这种以暴制暴的反恐措施并没有得到国际社会的支持。

第二节　大陆法系国家

一、俄罗斯的恐怖主义犯罪侦防

自 1991 年末苏联解体以后，俄罗斯民族矛盾突出，以车臣为代表的极端势力急速组建并蔓延，而正处于转型期的俄罗斯政府应对乏力，导致俄罗斯在 20 世纪 90 年代中期成为世界恐怖主义犯罪的重灾区。之后近十年间，虽然俄罗斯政府加大了对境内恐怖主义的打击力度，但收效甚微，加之国际恐怖主义的愈演愈烈，几乎与美国“9・11”事件同

---

① 参见达芙妮・巴拉克－埃雷兹（Daphne Barak－Erez）：《以色列的反恐法：过去、现在和未来．维克托・V. 拉姆拉伊等．全球反恐立法和政策》，杜邈等译，中国政法大学出版社 2016 年版，第 538 页。

一时期，俄罗斯的恐怖事件达到爆发的高峰，2002年莫斯科剧院绑架事件、2004年别斯兰人质事件等都死伤众多、震惊世界。据俄罗斯统计资料显示，在其境内发生的恐怖事件2001年为326起、2002年为360起、2003年为561起。[①] 经过普京政府一系列的强效治理，俄罗斯的恐怖事件在发生数量上大幅减少，据统计2006年为112起、2007年48起、2009年6起、2010年23起、2011年10起。[②] 然而，俄罗斯的恐怖主义犯罪形势仍不容乐观，2010年车臣组织再次策划实施了莫斯科地铁连环爆炸事件，造成40余人死亡、上百人受伤；2015年，俄罗斯客机坠毁于埃及西奈半岛，机上217名乘客和7名机组人员全部遇难。俄罗斯的恐怖主义势力泛滥，有着深刻的历史渊源。

（一）俄罗斯恐怖主义产生的历史渊源

俄罗斯人的祖先是东斯拉夫人，而东斯拉夫人又是斯拉夫人这一欧洲最古老庞大的部落集团的东部分支，随着岁月的变迁逐渐分化为俄罗斯人、乌克兰人、白俄罗斯人三个谱系。俄罗斯原本只是单一民族的内陆国家，而在16世纪中叶至19世纪的300多年间，沙皇俄国逐步兼并了高加索地区、西伯利亚地区、中亚和远东地区，通过漫长的武力扩张，这些地区的许多民族被沙俄征服，沙俄成为世界上民族最多的国家之一。[③] 据统计，俄罗斯目前全国有193个民族，其中俄罗斯族人数最多，约1.159亿人，占俄罗斯总人口的78.92%，信仰东正教；其他主要民族还有乌克兰族、巴什基尔族、车臣族、哈萨克族等，少数民族主要信仰东正教或伊斯兰教。

沙俄历史上的不断征战扩大了俄罗斯版图，但在征服其他民族的过程中也埋下了隐患，俄罗斯民族矛盾日渐凸显，成为诱发恐怖主义的导火线。如车臣人与俄罗斯人在历史上就积怨深重，沙俄从18世纪开始与波斯和奥斯曼帝国争夺高加索地区，19世纪初沙俄军队进驻北高加

---

① Петр рушайло，Теракты в России стали ежедневными，Журнал Деньги Ио 5（410）от 10.02.2003. 转引自戴艳梅：《国际反恐实务》，中国言实出版社2015年版，第65页。

② 戴艳梅：《国际反恐实务》，中国言实出版社2015年版，第65页。

③ 参见李军：《恐怖主义与主要大国的反恐战略研究》，华中师范大学博士学位论文，2014年，第44页。

索的车臣地区，用了40多年的时间征服车臣，终于在1859年将车臣并入沙俄版图。1917年俄国十月革命胜利后，各少数民族独立自主的呼声越来越高，成立了很多苏维埃共和国，在此形势下1922年车臣民族自治州成立，之后又更名为车臣—印古什苏维埃自治共和国，隶属于俄罗斯联邦，但车臣人在苏联时期其实并没有享受到民族独立自主的权利，相反受到很多的歧视和压迫。①

苏联解体后，俄罗斯经历了一段政治动荡、经济萧条的时期，少数民族聚居地区独立思潮陆续涌现，恐怖主义也随着领土纠纷、民族间的纷争和宗教信仰的不同而迅速滋生蔓延。东正教与伊斯兰教是俄罗斯各民族普遍信仰的主要宗教，其中人口数占到俄罗斯3/4以上的俄罗斯族以及乌克兰族、楚瓦什族等民族信仰东正教，几乎可以说东正教与俄罗斯精神一脉相承。然而车臣族却信仰伊斯兰教，宗教信仰上的不同加之历史上关于领土的纷争和所遭受的压迫，以及失业、社会阶层分化等现实问题，使得车臣族主要居住的北高加索地区长期潜伏着不安定的因素。从苏联解体开始，北高加索地区就成为俄罗斯民族问题与宗教问题不断撞击的动荡地带，伊斯兰极端势力利用宗教外衣渲染激化车臣人的分裂、极端情绪，例如利用穆斯林“黑寡妇”制造了多起恐怖袭击事件，极端主义势力在该地区迅速壮大，使得俄罗斯在很长一段时间内成为世界恐怖主义最为肆虐猖獗的国家之一。

俄罗斯长期以来一直处于异常严峻的反恐形势之下，俄罗斯警方与恐怖主义势力进行着的斗争，也从中积累了许多实战经验，不断完善着应对此类犯罪的惩治与防范机制，其中有许多值得借鉴之处。

（二）俄罗斯恐怖主义犯罪侦防机制

苏联时期逐渐显现成效的恐怖主义犯罪侦防机制随着苏联解体难以再续，在国内外诸多因素共同影响下，俄罗斯重大恐怖事件频发，2004年的别斯兰人质事件促使俄罗斯政府调整反恐战略，加大打击恐怖主义犯罪力度，革新恐怖主义的惩防工作，逐步形成新的打击与防范恐怖主义犯罪机制。

---

① 参见戴艳梅：《国际反恐实务》，中国言实出版社2015年版，第67—68页。

1. 恐怖主义犯罪侦防的相关立法

1993 年通过的《俄罗斯联邦宪法》是俄罗斯国家安全保障的基础法律，也为打击恐怖主义提供了上位法律依据。俄罗斯刑法典在 1994 年首次将恐怖主义界定为犯罪，在 1997 年修订后的刑法典中对恐怖主义犯罪的认定更为广泛，涉恐罪名达到 20 多条。俄罗斯在 1998 年和 2006 年先后颁布了两部专门的反恐法，第一部《反恐怖主义法》确立了反恐的基本目的、原则、组织与执行机构等，奠定了俄罗斯反恐的法律基础；第二部《抵制恐怖主义法》重点调整了反恐的指挥与协调机制，强调采取预防与惩治等各种手段来防范恐怖主义思想与活动的滋生、蔓延，体现出俄罗斯反恐理念在向重视防范的方向转变。此外，俄罗斯联邦还有一系列关于国家安全的构想性文件以及众多涉及反恐的法律、法规。① 从反恐立法的总体构架上看，俄罗斯已经基本形成系统、合理的反恐法律体系。

2002 年俄罗斯针对打击与防范极端行为颁布了《反极端行为法》，在该法中将极端主义界定为严重背离社会规则和制度的极端观念与行为，并提出了“宗教政治极端主义”的概念，用以指代那些以宗教为外衣、企图运用暴力推翻当前政治制度、夺取政权，危害国家主权与领土完整、煽动宗教间仇恨情绪的极端行为。②《反极端行为法》全篇共十七款，涉及三大方面的内容：一是对相关概念、原则的界定；二是对国家职能部门及社会各界在反极端主义中的职权、职责进行了划分；三是对宗教组织、社会团体以及个人提出了针对极端行为的禁止性规定，并明确了法律后果。③《反极端行为法》的显著特点在于明确了惩治与防范相结合的策略方法，确定了对极端主义采取综合防范的方向，之后 2006 年的《抵制恐怖主义法》重防范轻打击的倾向也与该法一脉相承，俄罗斯逐步构建起了全民防恐、综合治理的恐怖主义犯罪侦防模式。

---

① 参见戴艳梅：《国际反恐实务》，中国言实出版社 2015 年版，第 91—94 页。

② J. Brian Gross, “Russia’s War on Political and Religious Extremism: An Appraisal of the Law ‘On Counteracting Extremist Activity’”, 2003 B. Y. U. L. Rev. 717 (2003). 转引自胡田野：《借鉴与完善：遏制宗教极端主义的立法研究》，《政法学刊》2013 年第 30 卷第 5 期，第 57—64 页。

③ 参见陈黎阳：《俄罗斯对于极端民族主义的调控》，《世界经济与政治论坛》2009 年第 6 期，第 46—52 页。

2. 机构设置

俄罗斯在长年反恐斗争中构建起了由总统直接领导、联邦安全总局主导、国家反恐委员会统一协调的反恐体系，在全国范围内形成了自上而下结构清晰的三级反恐机构网络。俄罗斯联邦安全总局的工作以及其内设的国家反恐委员会的工作都由总统直接领导。国家反恐委员会下属联邦安全总局，是在俄罗斯联邦处于最高位的反恐指挥、协调与决策机构，负责协调各联邦及地方各机关的反恐工作并向总统提出关于反恐工作的建议、完善反恐相关法令以及制定具体的反恐工作建议等。国家反恐委员会内部的组织结构依据其职能分为四大部分，分别是预防局、打击局、信息分析局和信息中心，国家反恐委员致力于实现反恐的情报、决策、行动三位一体的机制构建。[①] 参与反恐的几大主要机构各司其职：联邦安全总局及其下属的地方机构是对恐怖主义犯罪进行侦查的主体机构；国防部与总参谋部负有维护俄罗斯国家领土、领海、领空等安全，参与军事反恐行动等职责；对外情报局则肩负搜集与获取国际反恐情报的职能；外交部成立的危机管理中心主要负责防范与处置俄罗斯驻外机构与公民遭受的恐怖事件；内务部在反恐中主要负责维护联邦及相关地区在紧急状态下的法律秩序；警卫局担负着护卫国家领导人的责任，在职责范围内处置与防范恐怖主义事件；紧急状况部全面管理包括预防恐怖主义事件发生、恐怖主义事件的事后处置等紧急状态领域的事务；金融监察局是反洗钱的全权机构，特别与国家反恐委员会协同构建了反恐融资程序。[②] 俄罗斯多年以来不断进行着反恐相关机构设置的调整，以期各部门分工与协调更为合理化，在反恐怖主义的行动中取得更大成效。

3. 全面防恐模式

普京政府面对恐怖主义事件频频发生、危害不断扩大的局势，在2004年9月明确提出，要将反恐作为全民的任务，俄罗斯全社会都要积极参与反恐，为了完成反恐工作可以调用一切资源。[③] 俄罗斯格外重视对恐怖主义的防范工作，设置了相对严密的防范恐怖主义的各项措

---

① 参见邓新元、刘肖岩、屈健：《国外现代反恐机制比较研究》，群众出版社2014年版，第31—32页。

② 参见戴艳梅：《国际反恐实务》，中国言实出版社2015年版，第98—103页。

③ 参见戴艳梅：《国际反恐实务》，中国言实出版社2015年版，第105页。

施：建立了全国统一的安全防范体系和预警机制，有效遏制恐怖主义犯罪的扩张态势；在各地区部署防御设施，划分防范等级，形成了切实有效的防范恐怖主义体系；积极协调各有关部门，保持不同反恐主体之间信息畅达，充分发挥各自的力量。

具体而言，俄罗斯在恐怖袭击事件多发的重点场所采取较为严密的防范措施。例如在爆炸事件多发的剧院、机场、火车站等公共场所进行物防与人防相结合的系统安全防范，加强安检和排查工作；在别斯兰人质事件后俄罗斯政府采取向各中小学派驻警察的防范措施；在莫斯科等大型城市设置了严格的户籍管理办法，定期对无合法居住身份的外来人口进行合法处置，重点监控来自北高加索地区的人员。俄罗斯相对严密的安全防范措施使得犯罪分子难觅藏身之所，在预防极端主义犯罪、维护社会安定等方面取得一定成效。

但俄罗斯在重点人口监控、重点地区安全监管等方面也存在很多安全漏洞，例如户籍与联防制度不到位、独联体内部各国之间的签证制度过于宽松等，这些都为恐怖事件的发生留下了缺口。

4. 情报机制

反恐情报是各国十分重视的关键内容，伴随着普京政府一系列大刀阔斧的反恐变革，俄罗斯联邦在情报方面也采取了一些有效措施。俄罗斯 2006 年颁布的《抵制恐怖主义法》中对情报部门的权限予以扩大，情报部门有权在反恐怖主义的地区实施电话监听、通讯设备监控。俄罗斯联邦安全局建立了统一的数据库，将各联邦关涉反恐的情报信息集合起来，构建集中统一的反恐信息平台。2007 年俄罗斯加入了国际反恐信息库，与申请反恐信息合作的其他国家一道共享各国反恐信息资源。国际反恐信息库的公开信息主要包括以下几个方面：恐怖活动、参与恐怖活动的嫌疑人员以及有前科人员、恐怖活动组织、恐怖活动区域的失踪人员、反恐法制、涉恐的互联网信息等其他信息资源。

5. 预警机制

俄罗斯借鉴美国“9・11”事件后反恐预警机制的经验，由国家反恐委员会协同相关机构制定了通过信息监控网络即时发现恐怖主义事件发生的可能性并发出报警信号的防范预警体系。俄罗斯反恐预警机制在 2007 年 1 月 16 日曾经启用一次，当晚，俄罗斯国际反恐委员会宣布了公共交通可能遭受大规模恐怖袭击的警报，并通过俄罗斯权威媒体向公众发布，莫斯科各公共交通枢纽进入了警戒状态，群众发现危险迹象积极举报，相关工作人员对公共场所的可疑物体展开排查，直至1月19日国家反恐委员会宣布取消警戒状态。这次实战之后，俄罗斯相关机构对其反恐预警机制进行了完善，根据可能发生的危险等级划分预警级别，于2008年制定了五级反恐预警机制，后又在2011年调整为三级反恐预警机制，针对每个危险等级设置了相关机构和公民的权限和责任，以确保全社会在面对突发状况时做出有效应对。

二、法国的恐怖主义犯罪侦防

2015年1月，法国发生了查理周刊恐怖袭击事件；同年11月，法国巴黎多个地点发生恐怖袭击事件，自美国“9·11”事件以来，如此大规模的恐怖袭击还是头一次，袭击者除了使用AK47进行枪击，还发动了自杀式爆炸袭击；2016年7月，法国尼斯市在国庆日遭遇恐怖袭击，死伤众多。近年来，法国成为遭受恐怖主义危害格外严重的国家之一，引起国际社会的高度关注。法国遭受恐怖主义危害的历史可溯源至法国大革命时期，二战结束后的法国更是屡屡遭到恐怖主义的威胁与迫害，例如20世纪90年代法国遭到来自阿尔及利亚的伊斯兰极端组织GIA的系列恐怖袭击。

法国的国土面积（不含海外领地）超过了55万平方公里，是欧盟成员国中面积最大的国家，总人口超过6699万，本土人口达6586万，人口数量位居西欧第二位。① 伊斯兰教是法国的第二大宗教，法国的穆斯林人口数量居西欧第一位，据统计显示，截至2015年，法国已有将近500万穆斯林人口，并且年龄结构十分年轻化，其中年龄低于25岁者占到法国穆斯林人口的50%。② 法国的穆斯林大多是外来劳工、逃亡

---

① 参见《法国国家概况（最新更新时间2017年6月）》，中华人民共和国外交部，http：//www.fmprc.gov.cn/web/gjhdq_676201/gj_676203/oz_678770/1206_679134/1206x0_679136/。（上网时间：2021年4月5日）

② 参见严天钦：《法国伊斯兰教的治理现状探析》，《北方民族大学学报（哲学社会科学版）》2017年第3期，第94—99页。

难民等外来人口，多定居在毗邻其原来国家的地区，这些外来人口难免遭到法国社会戴着有色眼镜看待，被看作是会对法国社会构成威胁的不安定因素。因此，法国的穆斯林群体缺乏一个拥有主流话语权的代表来与政府对话，无法表达其各种诉求，在经济上、社会生活上都逐渐被边缘化，与法国社会的融合十分困难。为了妥善安置穆斯林，防止穆斯林在社会生活中遭受失衡对待而产生极端情绪，法国政府采取许多措施，如在2003年成立了“穆斯林信仰委员会”来代表穆斯林发声，保护法国穆斯林人口的尊严和利益。在对恐怖主义犯罪的打击与防范方面，法国采取了一系列行之有效的措施。

（一）法国的反恐立法

法国的反恐立法由来已久，最早可以追溯至1893年到1894年间法国政府针对无政府主义者所颁布的三部法律，这三部法律的主要内容是严格限制言论与出版自由、允许对任何参与或宣传无政府主义的人进行拘留、允许起诉任何宣传无政府主义和主张犯罪者。这三部法律由于其对公民权利与自由的限制，一直备受诟议，但却到1992年末才被废止。20世纪80年代，法国受到了来自中东恐怖分子的多次大规模袭击，在此情形之下，法国于1986年9月通过了86—1020号法律，首次在立法中对恐怖主义犯罪的概念进行了界定，规范了对恐怖主义犯罪的管辖、侦查、拘留等程序性规定。伴随着20世纪90年代来自GIA的系列恐怖袭击，法国在1996年7月尝试修正反恐立法，对《刑法典》中涉及恐怖主义犯罪的罪名、特别诉讼程序、刑罚等问题都予以规范。2001年，法国政府审议通过了《日常安全法》，旨在强化国家的日常防范与安保机制，加强情报机构与执法部门日常工作中搜集反恐情报、追踪反恐动态、应对突发恐怖主义事件的能力。此后在2004年、2006年、2011年，法国都不断改革反恐法制，将互联网监控、全方位视频监控、远程间谍软件监控等一系列反恐措施引入到了规范性法律文件之中。纵观这些年法国反恐法制的变化历程，虽顺应实践不断改革细化，但反恐规定大多散见于相关法律法规中，尚没有形成综合性的反恐法律体系。

2016年6月3日法国第2016—731号法律是其反恐法制的标志性法律，以该部法律为代表，法国初步形成相对综合、系统的反恐立法体系。新反恐法共分为三编十四章，下设一百二十个条款，强化了对恐怖主义犯罪的打击力度，引入了对恐怖主义犯罪的多种侦查及预防措施，规范了恐怖主义犯罪的刑事诉讼程序，并尝试从源头上切断恐怖主义的资金链条。新反恐法尝试构建法国社会综合性的反恐体系，所涉及的领域众多、内容庞杂，也难免有逻辑不甚明晰、内容有交叉之处。[①]

（二）法国预防恐怖组织形成的措施

法国在防范穆斯林人口激进化、预防极端势力滋生和蔓延方面采取了一系列主动性的措施，取得一定成效。法国对其境内的伊斯兰激进组织秉持的是不予容忍、主动出击的态度，法国相关机构会不定期以健康检查、税务检查等名义来检查可能有激进分子隐藏或活动的区域，以2004年为例，相关机构对巴黎的餐厅、电话公司等区域进行了多达88次的突击检查，对牵涉恐怖主义犯罪的185人进行逮捕、8人实施处决。[②] 对于涉入恐怖主义活动的法国公民，法国政府会剥夺其公民权利的处置，自2003年10月以来，法国已经取消34名伊斯兰激进分子的法国国籍，将十余名激进分子驱逐出境。[③] 法国这些高强度的打击与驱逐措施在防范极端势力的形成方面取得一定成效，但是仅仅依靠打击与驱赶，并不能从根本上解决法国伊斯兰教难以融入主流社会的问题。法国的伊斯兰协会尽管在名义上得到法国政府的支持，伊斯兰教在法国的生存与发展有着合法性，但正如曾任法国内政部部长的多米尼克·德维尔潘所言，在法国的1200余名伊斯兰领拜人中，75%并不具备法国公民的身份，33%甚至不会说法语，绝大多数领拜人的薪酬是由国外政府或宗教团体支付的，这显然不利于法国伊斯兰教的独立自主建设和发展。[④]

---

① 参见施鹏鹏：《综合的反恐体系及检讨——以法国“新反恐法”为中心》，《中国刑事法杂志》2017年第1期，第131—144页。

② 参见刘莹：《“圣战”恐怖主义阴霾下的法国反恐问题研究》，群众出版社2016年版，第59页。

③ 参见刘莹：《“圣战”恐怖主义阴霾下的法国反恐问题研究》，群众出版社2016年版，第59页。

④ 参见严天钦：《法国伊斯兰教的治理现状探析》，《北方民族大学学报（哲学社会科学版）》2017年第3期，第94—99页。

（三）法国的反恐特种部队

法国的安全特种部队主要由“警察突击队”与“宪兵安全突击队”两大部分构成，其中，警察突击队隶属于法国内政部，由从国家警察中心挑选的约100名警察组成；宪兵安全突击队则隶属于法国国防部，约有350人，根据其执行的主要任务的不同又分为三个分支，一是“总统安全部队”主要负责保护总统、高级官员以及外宾的安全，二是“宪兵伞兵突击队”专职打击恐怖分子，三是“国家宪兵突击队”专司处理紧急事件。其中，“国家宪兵突击队”成立于1974年，成员一直保持在90人左右，近半个世纪以来，执行任务、解救人质众多，已逮捕了几百名恐怖分子、危险分子，为法国的国家安全做出巨大贡献。以1994年12月26日法航客机被劫持案为例，国家宪兵突击队派员40余人仅用时7分钟，击毙了4名恐怖分子，解救了173名人质，短时高效取得胜利。①

除了警察突击队和宪兵安全突击队外，为了应对海外属地可能发生的动乱和恐怖活动，法国还在1985年组建了“铁矛突击队”，全队共有384人，分为4个突击小组，其成员都是具有技术专长和战斗技能的军中杰出人员。② 铁矛突击队各种技术装备十分先进、各项训练也格外严酷，队员在训练中承受了极端恶劣环境的历练和体能极限的挑战，个个身经千锤百炼，生存能力与战斗能力极强。2015年11月18日，法国特种部队在巴黎郊区开展反恐突击行动，此次反恐突击行动的目标是法国一系列恐怖袭击的策划主使者、极端组织“伊斯兰国”最为活跃的袭击策划者之一阿卜杜勒—哈米德·阿巴乌德，此次突击行动共逮捕了7名涉嫌恐怖主义活动的人员。③

法国的反恐特种部队作为反恐的重要力量，与法国警察机关、司法机关以及情报机构等相关机构不断加强协调与合作，共同打击与威慑恐

① 参见中国现代国际关系研究所反恐怖研究中心：《国际恐怖主义与反恐怖斗争》，时事出版社2001年版，第144—146页。

② 参见中国现代国际关系研究所反恐怖研究中心：《国际恐怖主义与反恐怖斗争》，时事出版社2001年版，第146页。

③ 参见邓斌、应强：《法国特种部队反恐突击行动逮捕7名恐怖嫌疑人》，《解放军报》2015年第11期第四版。

怖主义分子、遏制恐怖主义活动，提高法国的反恐效能，维护法国国家安全和社会安全。

（四）法国的反恐综合措施

法国在防范恐怖主义犯罪方面采取许多综合性的措施，由于前文已经对美国、以色列、俄罗斯等国家应对恐怖主义犯罪的综合措施进行了梳理，各国所采取的综合防范措施有许多共同之处，在此着重介绍法国有一定本国特色的综合防范措施。

首先，法国为了从资金源头上防范恐怖主义犯罪，在金融领域采取较为严密的措施，切断恐怖组织的经济来源，让其成为无源之水、无本之木。早在1986年，法国的反恐机构就在立法中将资助恐怖主义的行为界定为恐怖主义的同谋，属于特别严重违法行为，予以追踪和严厉的处置。1999年欧洲理事会通过的《关于合作打击资助恐怖主义集团的建议》就对包括法国在内的各成员国提出了要求，要对资助恐怖主义集团的手段等信息进行广泛交流和定期评估，以便各成员国采取相应的应对措施。欧盟的相关规定和法国的《货币和金融法典》中都有许多阻断恐怖主义资金链的特别措施，根据这些法律法规，法国政府机构有权禁止疑似恐怖分子或恐怖组织向境外转移金融资产，有权冻结被指认的恐怖分子或恐怖组织的金融资产与收入，有权禁止欧盟侨民或居民向资助恐怖主义者提供资金。《货币和金融法典》明确规定，任何人向国内外转移价值高于7600欧元的现金、股票或证券等金融资产时，都必须经过贷款机构、服务机构或直接向海关申报，否则将被扣押、没收财产，或者被处以所转移资产价值一倍到四倍的罚款。①

其次，法国在难民的审查与接受方面制定了严格的程序，以防恐怖分子以难民名义混入法国境内。根据《日内瓦公约》和法国宪法的规定，法国为申请庇护的难民提供尊重和地位，接收难民进入法国境内，但是随着近年中东地区及其他地区的大批难民进入法国，也给法国社会带来巨大风险。在此情势下，法国制定了严格的难民审查与接收制度。

---

① 参见刘莹：《“圣战”恐怖主义阴霾下的法国反恐问题研究》，群众出版社2016年版，第61—62页。

制度规定，警察局在收到避难申请后，应当及时确认申请人是否符合难民身份，如果警察局合理怀疑申请人可能会对公共安全造成威胁，则可以拒绝给予其避难居留权；如果合理怀疑申请人是恐怖分子，则可以对其实施驱逐、遣送出境以及刑事处罚等措施。对于已被法国政府认可难民身份的人，可以获得具有10年有效期的居留证，但是如果其在居留法国期间有威胁公共安全的可能性或是有参加了恐怖主义活动等危害社会安全的行为，警察局仍然可以收回其难民身份或予以其刑事处罚。①

此外，法国近年来着力加强在反恐情报、司法、空中安全防范等领域的国际合作，国际合作的方式表现为签署双边或多边条约、情报信息交流共享、国际司法互助合作等，与前文所述的美国、俄罗斯等国家有许多共同之处，可见，国际合作是世界各国与恐怖主义进行斗争的共同选择。

第三节　域外恐怖主义犯罪侦防的异同与启示

一、域外恐怖主义犯罪侦防的异同

通过对典型国家的恐怖主义犯罪侦防机制与主要措施的比较分析可知，世界各国都十分重视对恐怖主义犯罪的打击与防范，竭尽所能采取各种严厉惩治与综合防控措施，其中既有典型国家针对其所处的特殊国情所采取的特别防范手段，也有各国不约而同选择的相似防控路径。分析各国在恐怖主义犯罪的侦查与防控机制、措施等方面的差异性与共同性，有利于完善我国恐怖主义犯罪侦防机制的构建。

（一）域外恐怖主义犯罪侦防的差异性

由于各国的历史状况各不相同，面临的恐怖主义犯罪现状也各不相

① 参见刘莹：《“圣战”恐怖主义阴霾下的法国反恐问题研究》，群众出版社2016年版，第63页。

同，各国针对本国恐怖主义犯罪情况，都有各自特殊的应对举措。如美国在打击与防范恐怖主义的过程中十分重视情报的获取，建立了最为庞大的情报机构；以色列由于其历史遗留争端和特殊地理位置，采取建“隔离墙”以及“定点清除”等特殊的反恐措施；俄罗斯因其历史上的扩张导致车臣地区部分民众的积怨，加之版图庞大、民族众多，所以在处理民族问题时分外慎重；而法国社会则面临着大批难民流入带来的治安风险，因此法国在防范与打击极端主义犯罪、维护社会安全方面颁行了一系列针对难民问题的特殊政策。

各国反恐的特殊措施顺应本国实务工作的切实需要，补充完善了各国的反恐机制，在打击与防范恐怖主义犯罪方面展现出显著效果，但是这些特殊措施仍然存在一定的问题，并不具有普遍适用性。以美国的情报机制为例，美国特别重视情报在反恐中的作用，把情报机构视为美国安全的第一道防线，将情报比喻为“支撑帐篷的长杆”[①]，其前国防部长拉姆斯菲尔德曾言，一条情报比一颗炸弹或一枚巡航导弹更加能有效地打击恐怖主义，但是，美国过于庞大的情报体系已显现出一些问题。其一，情报机构太过庞大、人员冗杂，造成资源巨大浪费。据统计，美国有大约 1271 个政府机构和 1931 个私人公司在从事与国土安全或反恐有关的情报工作，这些机构分布在全美的 1 万多个地方。[②]《华盛顿邮报》载文显示，目前美国大约有 85.4 万名公务人员、军事人员、承包商具备处理绝密信息的安全许可证，而这个人数相当于华盛顿常住人口的 1.5 倍。[③] 这些机构的部分职能重合，人员冗余情况严重，他们当中有很大一部分做着同样的、重复性的工作，而这些统计数据中还没有包括从事情报工作的临时雇佣人员、外围工作人员和难以统计的秘密力量。其二，情报海量涌现，美国相关机构难以应对。在 2017 年 9 月华盛顿情报和国家安全峰会上，美国主要情报部门和军方情报机构的官员纷纷表示面对海量情报分析难题，要积极寻求基于人工智能的解决方

---

① Campbell, M. Durt and Flourmoy, A. Michele, To Prevail: An Americam Strategy For The Campaign Against Terrorism, the CSIS Press, Washington D. C., 2001, p. 77.

② 参见吕扬：《“绝密美国”：反恐战争的肥胖儿（上）》，《世界知识》2010 年第 17 期，第 38—39 页。

③ 参见蒋文：《美国外交保密之囧》，中国保密在线，http://www.baomi.org/bmyw_info.php?optionid=62&auto_id=1152。（上网时间：2018 年 4 月 20 日）

案，以便能将每天获取的以“太字节”为单位计算的海量数据转化为真实可用的情报，目前美国中央情报局已有137个人工智能项目。[①] 其三，非正当的情报活动有损美国情报部门声誉。美国以反恐为名，大肆进行情报活动，黑狱事件、虐囚事件、斯诺登泄密事件等情报丑闻不断被曝光，使得人们对中央情报局反恐情报工作的合法性与正当性产生了强烈质疑；被披露的“棱镜”窃听计划对普通民众的电话通讯、网络活动都要进行监听、监视，不仅关乎美国公民的隐私，还涉及到法国、德国、古巴、中国、巴西、印度等众多的国家及其政要，美国的做法引起世界人民的普遍反感，在国际社会掀起轩然大波。[②]

（二）域外恐怖主义犯罪侦防的共同性

打击与防范恐怖主义犯罪是全世界的共同选择，世界各国在侦查机制与防范体系的构建上也体现出共同的规律性特征，尽管随着时代的变迁，各国的恐怖主义犯罪侦防机制也在不断调整、改革，但仍然在许多关注点上表现出持久的共性。对两大法系典型国家的恐怖主义犯罪侦防机制进行比较，其共性主要表现在以下几个方面：

第一，对恐怖主义犯罪打击与防范并重。综观世界各国，不仅注重如何有力打击恐怖主义犯罪，同时更加重视如何预防此类犯罪、如何遏制此类犯罪的苗头。以俄罗斯为例，俄罗斯将防范作为反恐重心，与我国恐怖主义犯罪侦防工作秉持的“惩防结合，以防为主”原则相一致。俄罗斯政府十分强调全民参与、调用一切社会资源防范恐怖主义事件的发生，开展全民反恐教育，倡议公众及时报告反恐情报，建立广泛的情报信息收集网络，加强金融部门的管控力度，切断恐怖主义资金来源，一旦发现恐怖主义的苗头就及时采取严密措施扼制其蔓延，以防造成严重的社会后果。为了有效防范恐怖主义事件的发生，俄罗斯在主要城市配备了十分齐全的监控设备并采取较为周密的日常巡逻措施。以圣彼得堡市为例，全市视频监控装置共有约20万个，在火车站、地铁站等公

---

① 参见《面对海量数据，美国情报机构寄希望于人工智能》，搜狐网，http://www.sohu.com/a/191598234_354973。（上网时间：2020年9月5日）

② 参见邓新元、刘肖岩、伍健：《国外现代反恐机制比较研究》，群众出版社2014年版，第86页。

车交通枢纽部位有约1200个。[①] 俄罗斯的综合防范措施对于防止恐怖主义事件的发生与恶化都起到显著效果。美国、以色列、法国以及众多其他国家，也都构建起了严密的防恐体系，采取大量的防范措施，尽可能预防、控制恐怖主义犯罪的发生。

第二，各部门通力协作，广泛主体积极参与。各国都将反恐作为了全社会共同的义务，参与反恐工作的主体不仅包括警察机构、军事机构、政府部门，还包括众多的社会机构和普通民众。恐怖主义是人类社会的公敌，自然应当受到全人类共同的反击。但是，全民反恐策略需要充沛的资源为后盾，俄罗斯在长期备战、全民反恐的过程中就遭遇了国力不济的瓶颈，导致恐怖主义犯罪侦防效率有所下降。随着苏联的解体，俄罗斯政局动荡、经济滑坡、社会矛盾频频爆发，陷入长久的低迷状态。俄罗斯奉行全民反恐、全面防恐的理念，长期将大量人力、物力、财力投入到反恐怖主义这一复杂的系统工程中，尤其是在与车臣极端势力、非法武装的艰苦斗争中耗费了巨额开支，俄罗斯在反恐行动中付出了很高的社会成本。在国际、国内严峻的反恐形势下，俄罗斯连续20多年处于反恐行动状态，各相关部门长期备战，难免思想懈怠、警惕性降低、产生职业疲惫，致使俄罗斯反恐体系的整体精神不佳、效率降低。

第三，重视情报的作用。全球各个国家和地区都将及时而准确的获取反恐情报作为反恐工作的重要环节。搜集到有效情报不仅能够在防范恐怖主义事件的发生方面起到关键性的作用，还能够在面对恐怖主义事件的危机时为相关部门做出准确决策、快速应对提供帮助。情报自古以来就是重要的战略资源，在当今信息社会更是如此，在海量的信息中如何快速甄别有用的反恐情报，是摆在各国反恐工作面前的一道难题。近年来，各国不约而同地尝试使用高新科技、人工智能技术来对信息进行分析与归纳。

第四，注重开展国际合作。恐怖主义者发动的无数血淋淋的事件让国际社会看到了来自恐怖主义势力的现实威胁，特别是“9·11”事件

---

① 参见李军：《恐怖主义与主要大国的反恐战略研究》，华中师范大学博士学位论文，2014年，第60页。

之后又在全球各地接连不断发生大型恐怖袭击，更加让世界各国不约而同地认识到面对来势凶猛、与世界人民为敌的恐怖主义，任何国家都不可能独善其身，精诚合作共同应对恐怖主义的威胁是世界各国的最佳选择。各国都将反恐领域的国际合作提到了一定高度，各个国家之间不仅在反恐研究、反恐情报、国际司法协助等方面签署了众多双边及多边条约，还在地区之间形成反恐联盟，在区域性国际组织中加强反恐合作。如欧盟不断寻求反恐合作的新路径，上海合作组织先后签署《打击恐怖主义、分裂主义和极端主义上海公约》《上海合作组织成员国关于地区反恐怖机构的协定》并成立六国反恐总部，美洲国家间签订《美洲国家组织反恐公约》，北约各国制定和平伙伴关系计划。

二、域外恐怖主义犯罪侦防的启示

通过对域外典型国家的恐怖主义犯罪侦防进行比较研究，可以看出各国在恐怖主义犯罪侦防机制构建方面既会采取顺应本国特殊国情的个别化方案，又会选择重视情报搜集、加强国际合作、有效综合治理等共同的路径。世界各国在恐怖主义犯罪侦防问题上协力合作、相互借鉴各国侦防机制中的合理因素和有效部分，并恰当结合本国的历史与现实情况，进行本土化的侦防机制构建。典型国家恐怖主义犯罪侦防的机制、措施与实践效能，既要取其精华，又要去其糟粕。

（一）妥善处理民族与宗教问题

在民族与宗教问题方面，俄罗斯的经验与教训有许多值得我国反思之处。长年以来，俄罗斯在反恐中采取很多积极有效的措施，但是，俄罗斯民族、宗教矛盾在短期内难以解决，恐怖主义犯罪的根源难以杜绝。作为一个地跨欧亚两大洲、有 193 个民族、民众有多种宗教信仰的大国，俄罗斯的民族与宗教问题一直十分复杂，这使得俄罗斯难以遏制分裂主义、极端主义的蔓延，无法杜绝此类犯罪。俄罗斯各民族虽然获得了政治上的平等地位，但经济方面并没有实现同步发展，各民族、各宗教文化也没有实现共同繁荣。虽然俄罗斯联邦有着共同的根本利益，但是在经济、文化等具体权益上的纷争使得民族、宗教矛盾不断，特别是当民族矛盾与宗教问题结合起来时更是难以化解，对民族纠纷处理不当可能引发极端思想的横行，对宗教问题应对不慎也可能导致民族关系的冲突。例如车臣分裂势力假借宗教外衣，宣扬极端主义，煽动信众讨伐异教徒、进行“圣战”、以极端狂热的暴力恐怖袭击来证明其宗教信仰的纯洁，已然将俄罗斯的民族与宗教问题歪曲异化，加之国际敌对势力的利用与破坏，俄罗斯处于恐怖主义爆发的风口浪尖。在严峻形势下，俄罗斯积极制定政策加快少数民族地区的经济发展，努力化解民族和宗教问题，重点改善联邦政府与车臣人的关系，大力支持车臣地区基础建设，希望缓解民族与宗教矛盾。但是俄罗斯的民族与宗教问题有着深厚的历史根源，要妥善处理还需要较长的历史过程。

（二）侦查与防范并重

恐怖主义犯罪的侦查与防范是整体性的系统工程，对犯罪的惩治与预防是有机结合的，离开惩处措施谈犯罪预防无法起到遏制犯罪的实效，而离开犯罪防范谈惩治也无法杜绝犯罪。刑事一体化不仅是刑事法律领域以及相关实务活动的基本理念，也是一种观察与研究方法，对刑事司法活动应当整体而观之，在宏观上进行整体哲理思考和社会价值评判，突破各学科内部孤立、片面、静止地看问题的研究模式；具体到侦查学研究领域，就是要在侦查之中、侦查之外以及侦查之上来研究侦查。[①] 对恐怖主义犯罪侦防问题的研究也应当站在刑事一体化的视角，从侦查活动本身出发开展研究，进而将关注点拓展到与侦查相关的其他刑事司法活动以及社会问题上，运用侦防一体化的思路，以更宏观、开放的视野进行研究。具体到恐怖主义犯罪的侦防实践中，就要求不仅重视对恐怖主义犯罪的事后打击，还要强调对恐怖主义犯罪的事前防范，而对犯罪进行事前预防就需要社会治安综合治理工程发挥实效。社会治安综合治理，强调在党和政府的领导下，在政法部门，特别是公安部门发挥主力作用的同时，社会经济、文化等等各部门和广大人民群众综合运用各种打击、防范、教育、改造手段，实现对违法犯罪的防范和治

---

① 参见杨宗辉：《侦查学研究方法的拓展——以“刑事一体化”思想为视角》，《武汉公安干部学院学报》2009 年第 23 卷第 1 期，第 8—23 页。

理。社会治安综合治理是需要长期建设的庞大的系统工程，不仅是恐怖主义犯罪侦防的切实需要，也是防范和遏制各类犯罪、维护社会稳定和国家长治久安的必由之路。

（三）重视情报引导侦查

信息引导警务的模式最早诞生于美国，20 世纪 90 年代初期，纽约市警察局尝试进行警务改革，为了减少犯罪的发生、维护社会安全与秩序，时任局长布雷特要求在每周的警务工作会议中，包括分局局长、探长、情报信息专家等在内的 100 多名警务人员，都要根据收集自一线的实时统计数据来分析犯罪态势，还要求警员在地图上标记各类案件的高发地段，以便警方能够随时了解、掌控辖区内的犯罪发生状况，总结各类案件发生的特点和规律，从而采取有针对性的打击与防控对策，情报主导侦查、信息引导警务的警务工作模式雏形就此形成。[①] 情报导侦强调主动侦查，不同于以往侦查工作中案件发生之后被动应对的模式，而是强调侦查机关要以信息化为引领主动出击，综合搜集、分析、处理情报信息，利用大数据、海量信息系统平台，发现犯罪苗头与趋势，总结犯罪规律，以便引导侦查与防控方向，提高警务效能，维护社会安定。美国、以色列、俄罗斯、法国等各国的反恐工作中都体现出对情报的重视，以情报信息为先导，引领反恐工作的方向。获取及时而准确的情报是有效反恐的基础，这已经成为各国的共识，也是我国侦查与防范恐怖主义犯罪的必然方向。

（四）重视警务合作

世界各国在应对恐怖主义犯罪的过程中，都不约而同地做出携手合作的共同选择，这一方面由于恐怖主义是受到世界人民共同谴责的人类公敌，自然受到全球各国群起而攻之；另一方面是因为面对恐怖主义对国家与社会安全的巨大威胁，任何国家都无法仅凭单打独斗就能有效地遏制恐怖主义。我国在恐怖主义犯罪的侦防中也重视并不断发挥警务合作的效能，包括国内警务合作和国际警务合作。这里需要注意区分国内

---

① 参见马忠红：《情报主导侦查》，中国人民公安大学出版社 2010 年版，第 276 页。

的区域警务合作和区域性国际警务合作。国内的区域警务合作指我国各地区之间警务系统的合作，自 2010 年公安部强调着力完善区域警务合作以来，我国各地公安机关在公安部的统一部署下强力推进警务合作，初步建成了环首都、泛东北、泛西南、江浙皖沪、西北、中部五省、泛珠三角等七大警务合作区，各地区、各部门、各警种形成工作合力致力打击犯罪。[①] 而国际警务合作既包括双边警务合作、区域性国际警务合作，还包括在联合国框架下的全球性的警务合作，具有更为广泛的涵盖面。区域性国际警务合作则存在于国际上的一定区域之内，如欧洲刑警组织加强欧盟成员国之间的警务合作，欧盟国家之间还特别构建区域性反恐合作机制，再如我国参与的上海合作组织框架下的警务合作，在成员国之间架起了警务沟通与协作的桥梁。无论是国内区域间警务合作还是国际警务合作，都在反恐中扮演着重要的角色。

① 参见刘为军：《打击犯罪新机制背景下的区域警务合作》，《中国人民公安大学学报（社会科学版）》2015 年第 31 卷第 6 期，第 65—70 页。

第五章　恐怖主义犯罪侦防机制构建

第一节　革新侦防观念

观念是人们对事物的主客观认识的集合，观念引领人们行为所追求的目标和方向，是人们行为的动力和评价尺度。以具有自觉性、目的性、倾向性的价值取向为基础方能产生目标明确的行为，观念上的认同是达成一致的集体行动的前提条件。① 侦防观念影响着侦防行为的价值取向，树立符合时代要求的侦防观念是开展现代化侦防工作的基础，侦防工作必须主动顺应时代要求，推动公安工作乃至政法工作思路与时俱进。

一、强化侦防协作

如今人类社会稳步向所有人、事、物互联互通的“万联”时代迈进，“共享”与“合作”成为这个时代的关键词。防范与打击恐怖主义犯罪，不仅与公共安全息息相关，而且事关国家统一、民族团结、政权稳定，与恐怖主义作斗争具有超越各种文明的全球性价值，要打好反恐主动战、攻坚战、整体战，灵活而务实地开展反恐合作。恐怖主义犯罪侦防协作涉及到方方面面，根据协作的地域范围可以分为国内与国际两个层面。

首先，国内侦防协作可以统称为“合成作战”。我国公安部于2010

---

① 参见陈平：《观念、制度与利益：集体行动的发生基础研究》，中共中央党校博士学位论文，2013年，第28页。

年9月正式提出“合成作战”的公安工作改革与创新方向，强调要以公安机关打击与预防犯罪的整体效能为出发点，坚持统分结合、以统为主，构建并完善警种合成、部门协作、区域联动机制，实现警务和社会资源的充分利用，发挥全社会打击和防控犯罪的集成效能。合成作战不仅强调要充分整合公安系统内部资源，还要求有效集合社会综合资源，深入挖掘蕴含在各处的打击与防控犯罪的潜力，把分散的力量集合起来，进一步提升侦防工作的整体效能。第一，从公安机关内部来看，合成作战特别强调各警种之间的合成，要打破各警种、各部门原有的职能边界，整合公安内部资源，涉及到警力配置、职能融合、信息共享等诸多内容，需要遵循扁平化管理、融合式发展、实战化运行的原则，逐步理顺合成作战的运行机制，实现警务资源的最优化配置。第二，从全社会角度来看，合成作战还包括公安机关与社会各领域和广大人民群众的通力协作。合成作战要落实侦防一体化机制，有效调动各机关团体、社会组织和人民群众对违法犯罪的防控力量。我国《反恐怖主义法》关于反恐主体的规定，体现出我国以公安机关为主的专门机关主要负责恐怖主义犯罪的打击与防控、由其他单位和广大群众积极参与社会防范的“全民反恐”的观念，这与合成作战的理念要求具有内在的一致性。

其次，国际侦防协作则主要是“国际警务合作”。国际警务合作指不同国家的警察机关之间，依据其缔结或参加的国际条约以及本国法律的规定，在惩治国际性犯罪、维护国际社会秩序等方面相互协调配合的行为，是国家司法合作的重要组成部分，也是刑事司法协助的重要内容。① 国际警务合作的方式与途径多种多样，按照参与合作的主体范围可以将国际警务合作分为双边警务合作、区域性国际警务合作和全球性国际警务合作。我国1984年正式加入国际刑警组织，开启了国际警务合作的道路。自1987年起，我国已经同37个国家缔结了刑事司法协助协议，截至2000年公安部已经与43个国家的内务部门签署了内务合作协议，建立起了双边警务合作和交流机制。② 在区域性国际警务合作方

---

① 参见向党：《〈国际警务合作研究之一〉国际警务合作概述》，《公安大学学报》1997年第3期，第41—45页。

② 参见闵剑：《对当前国际警务合作方式的探讨》，《上海公安高等专科学校学报》2005年第1期，第93—96页。

面，自1992年我国开启了大湄公河次区域的警务合作，1996年起我国展开了上海合作组织框架下的警务合作，均在禁毒、反恐等方面取得一系列合作成果。[①] 我国的国际警务合作虽然起步较晚，但在不足30年间发展迅速，已经与多个国家和地区之间以及区域性合作框架下形成了较为顺畅的警务合作和交流机制，在联合国主导的国际反恐合作中也发挥着日益重要的作用。

二、重视合成作战

2014年12月，公安部召开全国刑事侦查工作视频会议，这与1997年全国首次刑侦工作会议已时隔17年之久，会议对既往刑侦工作中的经验教训进行了总结，并务实且创新地提出了一系列工作理念与措施，会议特别强调，面对不少地方仍然存在的犯罪无边界、侦查有壁垒的情况，要以“更快地破大案、更多地破小案、更准地办好案、更好地控发案”为目标，全面落实“科学指挥、合成作战、科技支撑、情报导侦”的打击犯罪新机制。[②] 要实现对违法犯罪活动的深度打击，必须充分调动各方力量、整合各类资源，需要从以下几个方面着力，进一步深化合成作战理念，完善合成作战的规范体系和运行机制，全面提升合成作战的能力和水平。

（一）建构合成作战的法律规范体系

合成作战涉及的工作主体、工作内容庞杂繁多，需要有相对统一的制度规范来指引、规制实践运行。然而，目前我国关于警务合作的制度规范显示出很大程度的局限性，有的地方制定了本行政区域内适用的警务合作规范，这虽然可以为本地区警务合作提供参照，但是在涉及跨越该行政区域的警务合作时，就可能会与其他省、市制定的警务合作规范产生矛盾。因此，应当在我国自上而下各位阶的相关立法中视情况加入

---

① 参见刘为军：《打击犯罪新机制背景下的区域警务合作》，《中国人民公安大学学报（社会科学版）》2015年第31卷第6期，第65—70页。

② 参见刘子阳：《深化刑侦工作改革实行打击犯罪新机制提升打击犯罪能力切实增强人民群众安全感满意度和公安机关刑事司法公信力》，《法制日报》2014年第12期。

关于警务合作的原则性规定或具体规定。其一，应当在《刑事诉讼法》中增加关于警务合作、侦查协作的原则、义务、程序、违法责任等原则性规定。其二，可以在《人民警察法》中关于人民警察的职权、义务、组织管理、警务保障、法律监督等部分加入警务合作的相关内容。其三，在《公安机关组织管理条例》中关于人民警察的管理与经费保障等部分可以增设关于警务合作的规定。其四，在《公安机关办理刑事案件程序规定》及《公安机关办理行政案件程序规定》中，应当在以上各法律法规的基础上更加细化警务合作的运行程序、联动机制、交流途径、激励措施等具体规定。其五，公安部可以在实证调研的基础上促进构建警务合作框架性协议的范本，给各地签署警务合作协议提供规范性范例。①

（二）提升合成作战的基础建设水平

合成作战需要着力推动各部门、各警种资源力量的整合，以科技信息化为支撑，构建集合高效的合成作战平台，实现犯罪打击与防控的一体化、专业化、现代化。而全警联动、通力合作的合成作战平台的有序构建，必须以各警种自身的专业化建设为基础。就恐怖主义犯罪侦防协作来看，第一，刑侦部门要发挥主力军的作用，以打击的专业化来应对犯罪的职业化，落实刑事侦查、技术侦查、网络侦查、视频侦查“四侦合一”同步上案的协作模式，多手段同步办案，形成攻坚合力。第二，治安部门要充分发挥人熟、地熟的优势，着力增强对高风险人群、危险物品、重点场所的管控，做好基础管控、巡逻防控、应急处置等工作。第三，情报部门要提高对涉恐情报信息的搜集、管理、分析研判水平，借鉴黑龙江、广东等省对涉黑涉恶情报体系的建设经验，建立起集线索搜集、情报研判直至对违法犯罪的打击、防控于一体的整体化结构。第四，反恐部门要加强涉恐怖主义情报工作，确立应急处置规范，建立常态化的应急演练机制，强化实战能力，提高面对突发性暴恐事件的处置水平。此外，经侦部门、禁毒部门、宣传部门、督察部门等都是合成作

---

① 参见刘为军：《打击犯罪新机制背景下的区域警务合作》，《中国人民公安大学学报（社会科学版）》2015 年第 31 卷第 6 期，第 65—70 页。

战的主体，应当以提高各部门的基础建设水平为根基，扎实推进合成作战能力提升。

（三）确立合成作战的指挥联动机制

合成作战应当全盘筹谋、统筹运行，科学的指挥对于构建常态化的合成作战模式、完善合成作战的运作体系具有重要意义。就恐怖主义犯罪侦防协作而言，工作主体不仅包括公安机关，还包括武警部队、人民解放军、各相关单位和广大人民群众，应当确立一个有力的指挥领导机构，方能发挥反恐合作的联动效应。我国于2013年11月正式成立国家安全委员会，统筹协调关涉国家安全的重要工作，可以尝试渐次构建在国家安全委员会主导下的反恐组织体系，由国安委全面指挥、协调、推进我国反恐工作，提升科学指挥水平，理顺组织与协作关系，充分整合警力与民力等各种资源，健全合成作战机制，全方位、立体化打击与防范恐怖主义犯罪，坚持总体国家安全观，维护国家政权稳定和社会长治久安。

（四）推进合成作战的配套保障机制

信息化时代打击与防范违法犯罪，需要把分散的力量集中起来，要注重联动融合、协同配合，而警种合成、部门协作、区域联动机制的有效运行，离不开人力、物力、财力等各方面的配套保障。构建良好的配套制度能够为合成作战提供有力的后援支持。第一，要健全合成作战的人才培训与交流机制，加强警种交流与学习，定期组织座谈、培训、参观、联合演习等活动，不断优化合成作战的警力资源。第二，要建立合成作战的利益补偿和激励机制，警务合作在原则上是无偿的，但也应当考虑合作利益与警务资源消耗的平衡，一方面，各地公安机关要预留警务合作专项经费，请求协作方应当视情况对被请求方给予适度的利益补偿；另一方面，应当完善侦查考核制度、破案统计制度等，使协作破案的成果分配更为公允，激励警务合作的有效实施。[①] 第三，要健全合成

① 参见刘为军：《打击犯罪新机制背景下的区域警务合作》，《中国人民公安大学学报（社会科学版）》2015年第31卷第6期，第65—70页。

作战的责任追究和监督机制，对于在警务合作中有推诿、延误、失职甚至渎职等行为的，要进行责任追究，必要时依法追究相应的法律责任。

三、加强国际合作

恐怖主义犯罪是包含政治、民族、法律、历史等诸多因素的一种社会现象，全球化的不断发展在给全世界带来发展机遇的同时，也促使恐怖主义犯罪活动在全球范围内日益猖獗，严重威胁人类社会的发展，成为全球安全的极大隐患。仅在一国主权范围内的刑事司法活动已经不足以应对恐怖主义犯罪日趋鲜明的国际化态势，加强国际合作合力打击与防范恐怖主义犯罪，是世界各国的共同诉求。在国际社会缔结的同国际犯罪作斗争的公约中，几乎无一例外地规定了各国在追诉国际犯罪时应当彼此合作，从而使缔约国进行国际刑事司法合作成为一项应尽的义务。[①] 近30年来，我国日渐拓展参与国际警务合作的内容和范围，已由国际合作初期配合调查取证、引渡等有限合作，发展到如今的协查犯罪案件、联合办案、统计和逮捕在逃人员、越境追缉等众多内容的警务合作，合作范围也从双边警务合作向多边警务合作、区域警务合作乃至全球警务合作扩展，合作模式愈来愈灵活化、多样化。[②] 为了有效惩治恐怖主义犯罪，需要进一步完善国际警务合作的制度构建、组织保障及运行机制，加强国际警务合作的支撑力度，维护国际社会的整体利益。

（一）国际警务合作的制度构建

完善国际警务合作的制度建设体现在签署国际公约、区域性国际条约、双边协助条约以及完善国内立法四个层面。首先，国际社会通过了大量打击与防范恐怖主义犯罪的国际公约。我国目前为止签署或加入了12部国际反恐公约，涉及航空、航海、劫持人质、恐怖主义爆炸、核恐怖行为等诸多方面，这些公约都对惩治恐怖主义犯罪有明确规定。[③]

---

① 参见莫洪宪：《有组织犯罪研究》，湖北人民出版社1998年版，第247页。

② 参见侯静、纪成坤：《全球化背景下加强我国打击跨国犯罪的国际警务合作》，《吉林公安高等专科学校学报》2009年第24卷第4期，第35—37页。

③ 参见刘仁山、尹生、简基松、邓烈：《国际恐怖主义法律问题研究》，中国法制出版社2011年版，第246页。

其次，区域性国际组织制定了在本区域内规范反恐合作的国际条约。以上海合作组织为例，我国于2001年6月15日在上海会同哈萨克斯坦、俄罗斯等五国共同签署了《打击恐怖主义、分裂主义和极端主义上海公约》，将上海合作组织合力打击三股势力的内容、方式等问题法制化；之后又在2002年6月签署了《上海合作组织成员国关于地区反恐怖机构的协定》，将区域反恐机构总部设在吉尔吉斯斯坦比什凯克市，并规定了地区反恐机构的性质、职能等问题。再次，在国际刑事司法协助方面，根据互助国家刑事司法的实际情况签订双边协助条约，是国际反恐合作的重要制度保障。我国已同俄罗斯、白俄罗斯、加拿大、波兰、蒙古、土耳其、乌克兰、希腊、韩国、越南、哈萨克斯坦、塔吉克斯坦等众多国家签订了关于刑事司法协助的双边条约。最后，加强国际反恐合作也需要国内立法的支撑，世界各国先后颁布反恐怖主义相关立法，并在法律法规中规定国际刑事司法合作的相关内容。

（二）国际警务合作的组织保障

惩治恐怖主义国际合作的良好运行，离不开有效的组织保障。首先，联合国在全球反恐合作中居于中心地位，各成员国定期在联合国大会、安全理事会以及各专门机构框架内就预防与打击恐怖主义犯罪的互助协作等问题进行讨论与协商。1999年联合国通过了安理会反恐工作战略准则1269号决议，2000年联合国安理会颁布了关于打击恐怖主义的主席声明，安理会多年来不断重申，必须根据《联合国宪章》所赋予的职权来采取相应措施打击恐怖主义，不断推进国际反恐合作的进程。[①] 其次，国际刑警组织在世界反恐警务中发挥着重要作用。国际刑警组织的前身是1923年组建于维也纳的国际刑事警察委员会，致力于在各国法律和《世界人权宣言》框架内向各国刑事警察部门提供协助并促进各国刑事警察部门的相互合作，截至2014年3月，国际刑警组织已经拥有了190个国家的警察成员单位。[②]“9·11”事件引发了国际

---

① 参见赵秉志：《国际恐怖主义犯罪及其防治对策专论》，中国人民公安大学出版社2005年版，第99页。

② 参见［美］马蒂厄·德弗兰：《反恐警务：组织视角与全球视野》，栗长江译，中国人民公安大学出版社2015年版，第69页。

刑警组织反恐战略的重大调整，制定了一系列专门针对反恐的新政策，并重新组建了总部与各成员单位警察机关之间的联系，在国际刑警组织现行的基于1998年制定的《打击国际恐怖主义合作新纲领》的反恐政策中，强调国际刑警组织应当在刑事法律框架内行动，而不应当从事政治、军事、宗教、种族歧视等性质的事务，因此国际刑警组织对恐怖事件细分为不同层面，只有涉及刑事层面的才需要由警方介入调查。[①] 2017年9月，国际刑警组织第86届全体大会在北京召开，深入探讨了当前面临的全球安全威胁及打击恐怖主义犯罪的策略、方法等问题，在成员国间达成广泛的共识。[②] 再次，区域性警务合作组织的积极构建为国际反恐合作提供了有效组织保障，最具代表性的是欧洲警察组织。欧洲各国警察机构早在1975年就成立了反恐合作特莱维小组（TREVI Group），致力于打击恐怖主义、激进主义、极端主义和国际暴力，互助协作机构间就恐怖组织活动问题、警察组织的培训问题等进行情报信心的交流，特别强调进行反恐行动的战略协调，加强欧洲各国的反恐合作。[③] 特莱维小组后来被欧洲刑警组织所取代，欧洲刑警组织以欧盟为载体，接受欧盟管理机构的监管，具有正式法律地位，具备完整的组织体系和行动部门。近年来，欧洲警察组织以欧盟恐怖主义犯罪的发展形势为关注重点，并将对恐怖组织的打击与防控作为欧洲反恐重点。

（三）国际警务合作的运行机制

尽管采取国际合作是世界各国打击与防范恐怖主义的共同路径，但是国际警务合作在实际运行中仍然受到各国利益冲突和不同司法体制衔接的障碍等诸多因素的制约，因此，各国需要不断探索具备实际操作性的警务合作方式。第一，国际侦查协作，各互助国之间根据法律法规及侦查协作协议开展联合侦查行动。例如，2011年10月湄公河案发生后，中国、老挝、缅甸、泰国四国警方迅速开展联合调查、快速侦破案

---

① 参见［美］马蒂厄·德弗兰：《反恐警务：组织视角与全球视野》，栗长江译，中国人民公安大学出版社2015年版，第71页。

② 参见国际刑警组织第86届全体大会在京闭幕：《中华人民共和国公安部》，http：//www.mps.gov.cn/n2255079/n5590589/n5786324/n5786342/c5799161/content.html。

③ 参见刘为军：《欧盟警务一体化的现状、制约因素与发展趋势》，《欧洲研究》2004年第6期，第93—109、7页。

件，并及时建立了湄公河流域安全执法合作机制，在实践中不断完善区域间长效侦查协作机制，对后续开展国际侦查协作大有助益。第二，国际刑事司法协作，包括引渡、文书送达、搜查及扣押、有关物品的移交、情报提供以及相关法律资料提供等。我国《刑事诉讼法》第18条明确规定，根据我国缔结或者参加的国际条约，或者按照互惠原则，我国司法机关和外国司法机关可以相互请求刑事司法协助。司法机关在请求国际刑事司法协助时，不仅要遵循相关国际条约及国内法的规定，还应当尊重协助国的法律法规，严格遵守相关程序性规定，切实履行各项义务。第三，国际犯罪防控协作。伴随着经济实力的提升，近年来我国出境旅游、留学、从事商贸活动等的人员大幅度增加，我国公民及其财产涉及海外的越来越多，国际社会的稳定态势与我国公民及其财产安全越来越息息相关，而国际恐怖主义事件的频频爆发，使得我国人员及财产在境外不断遭受损害。国际社会协力进行犯罪防控，既有利于保护本国人员和财产的安全，也有助于维护国际社会的共同利益，是我国“一带一路”倡议实施的重要保障。第四，国际警务联络，设立国家间、区域间警务联络常设机构，派遣警务联络官等都是完善国际警务合作的重要举措。我国公安部1998年5月首次向美国派遣警务联络官，截至2008年末已向美国、加拿大、法国、日本、俄罗斯等19个国家派出30名警务联络官，不断完善警务合作的网络布局。[①] 总之，打击与防范恐怖主义犯罪需要世界各国加强合作，多措并举、多方施力，不断完善合作机制，有效发挥国际社会惩治恐怖主义犯罪的合力。

第二节　深化情报导侦

信息技术的飞速发展引领人类社会步入大数据时代，互联网、物联网、人工智能的涌现为社会进步开拓了新的疆土，也为恐怖主义犯罪的侦防带来了新的挑战和机遇，及时有效地获取情报信息是恐怖主义犯罪

---

① 参见汪小林、陈合权：《多层面国际警务合作方式的框架构筑》，《四川警察学院学报》2013年第25卷第5期，第8—13页。

侦防的关键环节，甚至可以说，当今世界反恐工作的成败就在于情报信息。情报导侦又称为信息导侦，强调根据情报信息来引导侦查与防控的方向，通过对收集和掌握的情报信息的分析运用，来侦查、预防和控制犯罪。情报导侦相比传统侦查模式具有显著优势，是侦查工作发展的必经方向，也是信息化社会发展的必然要求，深化情报导侦是应对犯罪新变化的必然选择，是公安工作的重点所在。

一、情报导侦的运行机制探究

恐怖主义犯罪侦防情报是为了防范和打击恐怖主义犯罪而收集并加以分析运用的涉及恐怖分子、恐怖组织、恐怖活动等的情报信息。与普通犯罪情报相比，关涉恐怖主义的情报信息具有更强的时效性、综合性和隐秘性，同时也呈现出更为微弱的关联性和更为孤立的分散性。[①] 这就给侦防部门的情报工作提出了更高的要求，在应对恐怖主义犯罪时要更为注重及时有效地挖掘情报信息资源、优化信息的存储与整合系统、加强对信息的分析和研判，并加快推进各部门各地区间信息的融合共享机制构建。

（一）挖掘情报资源

对情报信息的搜集和获取是信息导侦的基础环节，情报工作人员要依法通过各种途径、运用各种方法来尽可能全面而深入地搜集与犯罪相关的线索和信息，并对这些信息进行转化、吸收，为后续的信息存储与整合、分析与研判、融合与共享奠定基础。

首先，要广泛开辟信息来源，全面搜集情报信息。从情报信息的来源看，一切能够产生、传递、承载情报信息的系统都是信息来源，包括人员情报源、实物情报源、文献情报源、网络情报源以及电磁情报源等，情报部门要充分利用不断处于动态变化中的情报源，广泛搜集情报。[②] 具体而言，在收集恐怖主义犯罪情报信息时应当注重以下几个方

① 参见梅建明：《反恐情报与危机管理》，群众出版社2007年版，第84—85页。

② 参见王丰年、李亦农：《犯罪情报学》，中国人民公安大学出版社2015年版，第52—56页。

面：第一，对涉嫌或者已被证实违法犯罪的人员以及其他相关人员的信息收集主要包括个人基本信息，体貌特征、指纹、声纹、DNA血样等人身信息，案件相关信息等；第二，对恐怖主义犯罪案件情报的搜集重点在于对案件的受理信息、结案信息以及其他有效信息的搜集与整理汇总；第三，对涉嫌恐怖主义事件情报的搜集，可以参照案件信息的内容，从何人、何时、何地、何事、何物、何情、何故“七何”要素的角度对事件相关情报进行收集汇总，并且要注意搜集群众对事件的反映；第四，要通过各种公开或秘密的方式，充分运用特情等力量，在重点场所和重点行业搜集涉恐涉暴的有效情报，重点场所主要指人员复杂、密集的公共场所，重点行业则主要指旅馆业、运输业、旧货业、维修业等容易被违法犯罪分子利用的特种行业；第五，随着恐怖分子广泛利用互联网宣扬极端思想、组织暴恐活动，互联网也成为侦防机关获取情报信息的重要来源，网站、搜索引擎、信息系统、网络数据库都是情报信息的重要来源。[①] 值得注意的是，通过悬赏激励机制来发动群众力量，鼓励群众踊跃举报涉恐涉暴犯罪线索也是获取情报信息的有效途径，例如新疆在2016年4月颁布了《我国新疆维吾尔自治区群众举报涉暴恐犯罪线索奖励办法》，在自治区及各地成立平安专项奖励评审委员会来组织举报奖励工作，对于群众举报涉嫌暴恐犯罪的预警性线索或异常情况的给予20万元以下奖金，对于举报紧急性、内幕性、行动性的核心线索的给予20万元至500万元奖金，或者根据举报人意愿酌情予以政策性奖励。

其次，要善于利用大数据的优势，深入挖掘情报信息。大数据时代的信息之多超过了以往任何时候，相比盲目收集不断产生的海量数据，更为重要的是如何从这些庞杂的数据中分析、提取出客观有用的数据，并对有效数据进行深入挖掘。数据挖掘是指通过算法从大量的数据中搜索出隐藏的信息，需要运用到统计学、情报检索、机器学习、人工智能等多种技术方法。数据挖掘是大数据侦查的高级方法，通过数据挖掘技术，能够对海量数据进行二次分析，甚至多次分析，有利于发现事物和

---

① 参见王丰年、李亦农：《犯罪情报学》，中国人民公安大学出版社2015年版，第58—64页。

现象背后隐藏的规律。[①] 以手机数据挖掘为例，手机数据可以分为手机及软件基本数据、通讯数据、地理位置数据、无线网络数据等，侦查机关运用专业分析软件，对存储于手机介质中的海量内容数据和元数据进行分析，可以发现机主的行为规律和偏好，为侦查破案提供线索。[②] 公安机关要善于运用大数据所具有的可视化、全程留痕的优势，提升大数据分析和挖掘能力，以情报、数据主导警务工作、引领侦防实战，充分发挥情报信息在决策指挥、打击防范恐怖主义犯罪方面的先导性、预警性作用，提升恐怖主义犯罪侦防实战能力。

（二）优化情报整合

对情报信息的搜集与挖掘是情报导侦的首要环节，在获取情报信息后，还需要对这些数据、信息资源进行有效的整合与管理，既要确保信息的传递客观、真实、保密，又要保证信息的存储准确、安全、有序，还要保障信息的检索便利、有效，因此，构建完备的犯罪情报信息体系和分类数据库十分必要。我国各地已经基本建成公检法三机关共同的办案平台，通过运用人工智能技术的智能辅助办案系统，既有利于各部门间信息资源的有效传递与检索，还能为公检法的相互配合、相互制约提供新载体，助推司法机关办案活动的规范化。构建跨部门、跨地区的情报信息系统和大数据办案平台，能够实现数据整合、优化资源管理、促进信息互联互通。

我国反恐情报信息系统初步建成，近年来，运用反恐情报信息平台提供的有效信息，把绝大多数暴恐活动扼杀在了萌芽状态。我国还需要进一步推进跨部门、跨地区的情报信息平台建设，加快推进国家反恐情报信息平台与各相关地方的反恐情报信息平台的有效对接，运用移动互联网、大数据、云计算、人工智能等新技术，促进社会信息资源的集成共享，优化情报信息的整合管理与核查反馈，提高对恐怖主义犯罪活动的打击与防范能力。现代社会中，有组织犯罪、跨区域犯罪、高科技型犯罪层出不穷，犯罪分子的作案方式越来越智能化，作案手段越来越隐

---

① 参见王燃：《大数据侦查》，清华大学出版社2017年版，第123页。

② 参见王燃：《大数据侦查》，清华大学出版社2017年版，第124—132页。

秘化，恐怖主义犯罪呈现出全球化、现代化、网络化等演变趋势。面对花样翻新、层出不穷的犯罪现象，侦查机关及有关防控部门必须跟上时代的步伐，积极运用各种信息技术手段，通过多种新技术开展情报信息的搜集，依法获取涉及恐怖主义犯罪以及其他各类违法犯罪的相关信息，及时对违法犯罪事件及嫌疑人进行有效处置，一方面引导侦防机关尽早发现并遏制违法犯罪，另一方面可以为侦查机关打击犯罪提供线索与证据支持。情报导侦已经成为犯罪侦防的必然方向，特别是在打击恐怖主义犯罪的进程中，世界各国都深刻认识到情报获取及合作的重要性。在俄罗斯、法国频繁遭遇恐怖袭击之后，美国、英国、澳大利亚、新西兰、加拿大的情报合作“五眼联盟”（Five Eyes Alliance，前身为UKUSA）放松了限制条件，允许法国分享涉及恐怖主义的情报信息；而俄罗斯也与伊朗、伊拉克及叙利亚建立情报中心，加紧对涉恐信息的分析研判。① 世界各国在反恐情报及合作方面的凝聚力不断增强，情报导侦是应对恐怖主义犯罪的有效模式。

（三）加强情报研判

对情报信息的分析、研判是有效利用情报打击与防范恐怖主义犯罪的关键所在，情报人员、侦查人员及有关专家通过将大量零散情报进行归纳、比较、判断，发现已经发生的违法犯罪活动及其他相关社会现象的特点，总结其中的规律，为恐怖主义犯罪的侦查与防控及其他社会治理工作提供方向。例如，重庆、四川等地运用大数据技术进行社会矛盾发生、发展规律的研判，对社会矛盾的萌生与爆发进行预警，构建起社会矛盾常态化排查发现机制，并对排查发现的社会矛盾逐一按照管理原则落实工作责任，防止社会矛盾演化为群体性事件。恐怖主义犯罪侦防工作应当对恐怖主义犯罪的苗头及嫌疑分子采取动态排查、发现与管控措施，尽可能做到“发现在早、防范在先、处置在小”。

加强情报信息的分析研判，不仅要依靠情报信息人员、侦查人员的专业知识和技能，还要充分发挥智库的力量。2015 年 1 月，中共中央、国务院发布了《关于加强中国特色新型智库建设的意见》，统筹推进党

---

① 参见陆忠伟：《国际反恐 15 年之启示》，《光明日报》2016 年第 1 期。

政部门、军队等的智库建设，促进党校行政学院、社科院、科研院所的智库创新发展，建设高水平的高校智库，推动企业智库、社会智库协调发展。智库及智库人才通过输出思想与专业知识来为党和政府建言献策、贡献聪明才智，为国家和社会的各项建设提供科学咨询、引领科学决策。智库运行基本上遵循先行收集资料、再对资料进行分析研判、最后拟定方案的步骤，与侦查中情报信息的收集整理、分析判断、评估运用具有内在的一致性。世界范围内已经有许多知名智库探索出相对成熟的情报研究方法和情报产品体系，定期或不定期地为相关决策机构提供多种类型的情报产品，包括出具研究报告、系列书刊、政策摘要等。[①]然而，我国当前的智库建设水平尚且远不能满足社会变革期快速增长的各方面知识资源与情报信息需求，在打击犯罪与社会防控等方面仍然需要大力推进公安智库、高等院校智库以及相关社会智库的建设。恐怖主义犯罪侦防所涉及的领域包括法学、政治学等诸多方面，要在实践中不断加强智库建设，促进恐怖主义犯罪情报分析研判能力的渐次提升。

(四) 推进情报共享

在大数据、互联网 + 、人工智能的新时代，信息资源的共享比拥有具有更大的价值，情报数据的互通比分担具有更大的意义。而当前在信息导侦机制的建设中存在着严重的信息孤岛、信息壁垒现象，有效数据总量很多，但却分散在各个部门，部门之间数据壁垒或是查询时的繁杂程序，导致对数据的利用率很低，无法发挥情报信息的最大价值。如何统筹推进各级、各地公安机关之间、公检法三机关之间以及与其他相关机构之间的信息化集成融合，是一项紧迫性的重要课题。

首先，信息资源的融合共享关系到公安各项工作的全局和长远发展。各级公安机关需要组织具有专业知识的技术人才和团队，广泛进行情报收集和信息共享，构建适应不同层级功能需要的数据系统，实现信息资源的一体化共享，以情报信息为支撑创新侦查机制，加强打击与预防犯罪的实战效能，掌握对恐怖主义犯罪、跨区域犯罪等实行整体打击

① 参见李纲、李阳：《情报视角下的智库建设研究》，《图书情报工作》2015 年第 59 卷第 11 期，第 36—41、61 页。

的主动权。不同地区、不同部门、不同警种之间都要强化信息资源共享的观念，增强全局意识，不仅要加快国保、刑侦、经侦、治安、反恐、禁毒等警种的专业应用系统和实战平台建设，还要加强各应用平台之间的关联互通，落实数据资源的融通共享，增强打击和预防犯罪的整体性与实效性。

其次，要加快推进司法机关统一大数据办案平台建设，加强数据资源的整合共享和深度应用。自信息化办公办案系统建设以来，公、检、法机关各自构建办案平台，建成了内部应用系统，存在着各机关之间系统不能联通、数据不能共享的问题。上海、贵州两地在探索智能辅助办案系统方面走在全国前列，有许多经验与教训值得各地借鉴，上海、贵州曾尝试在公检法原有办案平台的基础上临时搭建专网，以实现三机关信息共享，但是实践证明，搭建专网的方法短期来看似乎省时省力，长久运行却会增加许多不必要的维护工作，反而造成资源的浪费。因此，各地政法单位需要在现有办案平台的基础上，对应用系统进行科学改造，通过打通数据接口、集成应用界面、拓展业务功能等方式，建设起共享共用的跨部门大数据办案平台，完成三机关办公办案平台的一体化整合，实现不同应用之间的信息共享和统一管理。

再次，公安情报信息的共享来源还包括社会各行各业的数据库。公安机关要推进与海关、税务部门、社保部门、银行金融机构、证券机构、通讯公司、快递物流公司、互联网公司等拥有大量数据资源的外部机构合作，通过签署共建共享协议、合作协议等方式运用合法手段获取其数据库的信息资源。信息化浪潮促进了互联网公司的快速发展，众多大数据公司掌握了海量数据信息，各省市在智慧公安建设中，探索建设与大数据公司的合作路径。

二、情报导侦的保障制度跟进

情报导侦是适应信息化时代对犯罪新变化侦查的高效工作机制，特别是在应对恐怖主义犯罪、组织化犯罪、跨区域犯罪时信息导侦发挥出巨大优势，有助于及时预防与有力打击违法犯罪。然而，情报导侦在赋予侦查机关极大权力的同时，也带来了对公民信息权利可能有所侵犯的风险。侦查所追求的犯罪预防与人权保障两大价值目标之间存在着天然的冲突，为了实现犯罪预防的功能最大化，就需要对公权力的行使“松绑”，使其少受约束甚至不受约束，但公权力天然的扩张性和易侵权性，不受约束必然会导致权力的滥用，进而产生侵犯人权的可能，这又与人权保障理念相违背。因此，适当的程序保障制度的构建，既是对侦查权力运行的赋予与保障，又是对侦查权力运用的限制与规范，有利于实现打击犯罪与保障人权两大价值目标的动态平衡。

（一）信息采集的程序规制

信息导侦需要大量收集、使用公民个人信息，可能或产生侵犯公民信息权、隐私权等权利的风险，因此侦查部门在进行信息采集时要遵循严格的审批程序，确保获取数据信息的途径及程序合法有效。

一方面，就个案侦查而言，我国当前侦查中对信息数据的采集调取一般采用侦查机关部门负责人、单位负责人或上级机关审批的制度。公安机关在个案中为了查清犯罪事实、查获犯罪嫌疑人而收集调取数据资源的过程就是调查取证的过程，应当遵循我国《刑事诉讼法》和《公安机关办理刑事案件程序规定》的相关规定，并利用大数据全程留痕的优势，注重数据资料的合法性、关联性和有效性，合法搜集、及时固定、充分利用证据材料。侦查机关调取数据信息涉及到社会各行各业，根据《刑事诉讼法》的规定，公检法三机关有权向相关单位和个人收集、调取证据材料，而如实提供证据是相关单位和个人的义务。但是，从当前我国实务工作的状况看，侦查机关向第三方机构调取信息数据的程序较为混乱，不同第三方机构对调取数据的程序要求不一，这给侦查机关的工作带来较多不必要的麻烦，为提高办案效率、简化办事流程，可以在向第三方调取数据信息时建立统一的审批制度，比如侦查人员出具列明信息调取事由、调取内容并由单位负责人签字批准的《调取证据通知书》，第三方则予以配合。[①]

另一方面，就情报信息数据库构建而言，政府部门不仅拥有着超乎利益关系的社会信息治理者身份，还扮演着个人信息的收集、存储、处

---

① 参见王燃：《大数据侦查》，清华大学出版社2017年版，第166页。

理、利用者的角色。[①] 政府部门在大量收集公民个人信息、建设情报数据库的同时，也应当注重对这些信息的保护，为了国家与社会的良性发展，公民有责任让渡出部分权利，而国家也应当适当限定公权力的行使以保障私权利免受不法侵害。美国的政府情报监控覆盖面很广，例如美国国家安全局自“9·11”事件后启动的“元数据”计划，允许政府采集美国公民和在美居住人员使用互联网的原始数据；[②] 又如美国联邦调查局和国家安全局自2007年起开始经营的“棱镜”计划，当局直接进入美国网络公司的中心服务器挖掘数据，主要针对外国普通民众进行秘密监控；美国的诸多情报项目滥用国家权力，实施多年来引起美国社会和全世界的广泛担忧。因此，我们在坚持信息引导警务、构建犯罪侦防数据库时应当注重合法性与合理性的统一，严格遵循审批程序，合理合法构建国家中心数据库与分级分类数据库。

（二）公民的权利救济机制

大数据技术具有其局限性，依靠计算机、人工智能的大数据算法可能会产生与预期分析结果的偏差，可能导致不当侵犯公民权利的后果。比如，美国反恐“禁飞系统”采取大数据筛选的方法，通过数据系统将航空乘客的基本信息与禁飞名单进行比对，被系统筛查出可能有问题的乘客会被移送至“恐怖分子审查中心”，由审查人员进一步判断其有无实施恐怖活动的可能，然而实际情况是，被移送进行审查的乘客有半数是无辜的，只是因为数据源或算法的偏差他们就不得不接受怀疑而配合漫长的留置、调查。[③]

既然在侦查过程中数据应用的技术偏差与主观失误都难以避免，那么就应当赋予公民在权利遭受侵犯时有效的救济机制。首先，应当赋予侦查对象对数据分析结果的知情权，由于侦查机关许多情报数据的采集

---

① 参见张新宝：《从隐私到个人信息：利益再衡量的理论与制度安排》，《中国法学》2015年第3期，第38—59页。

② 参见《英国〈卫报〉再揭美国“元数据”内幕》，搜狐网，http://roll.sohu.com/20130629/n380214510.shtml。（上网时间：2018年1月2日）

③ Citron, Danielle Kate, "Technological Due Process", Washington University Law Review, 6 (2008), pp. 1249－1314. 转引自王燃：《大数据侦查》，清华大学出版社2017年版，第171页。

与分析是不公开进行的，可以将不涉密的数据运算原理及分析结果告知当事人；及时告知当事人数据分析结果也是在刑事诉讼过程中进行证据展示的需要，还是对被追诉人辩护权的保障。其次，应当赋予侦查对象提出异议的权利。当事人可以对数据的来源、数据的运算原理的准确性等问题提出质疑，也可以提出其他相反证据来证明数据分析结果有误，必要时还可以寻求相关领域专业人士的帮助。由于专业技术水平的限制，在情报分析与数据运算的复杂过程中，难免会因为数据源、数据算法、数据传输方式等各种问题产生分析结果的失误，赋予侦查对象异议权，既是对当事人的权利的保护，也能促使侦查人员从其他角度验证数据分析结论，降低侦查人员的失误风险。

（三）大数据公司的行业规范

值得注意的是，在大数据时代的情报导侦涉及到许多大数据公司的数据共享与协作，而这些大数据公司掌握了海量个人信息数据，如果不对大数据公司加以规范，很容易造成对公民个人信息权的侵犯。例如，无论是亚马逊网还是淘宝网，各电商平台都推出了针对每一位用户个体的个性化推荐服务，对网站用户的浏览历史、搜索记录、读写信息等各类数据进行采集和比对，运用大数据技术精准地向顾客推荐其近期感兴趣的同类产品，而这在方便用户购物的同时，涉及到用户大量的个人信息、消费能力、兴趣爱好以及行为轨迹，并不免有许多关涉个人隐私之处，如果这些信息没有得以妥善保存，则很可能会侵犯公民权利、扰乱社会秩序。

因此，作为侦查工作相关第三方的大数据公司，亟待渐次构建相对完备系统的行业规范，在法律法规的框架下制定统一遵守的行业准则。其一，要建立数据分级、分类管理制度。目前，各大数据公司、各网站拥有完整、清晰的个人隐私保护策略和数据信息使用规则的屈指可数，绝大多数数据信息的管理与使用都处于灰色地带，公民信息安全保护的边界难以确定。因此，从立法着手构建个人信息安全保障体系迫在眉睫。而大数据行业应当对所涉及的个人信息进行诸如身份信息、位置信息、日志信息、社交信息等分类，并进行诸如完全公开、部分公开、秘密等的分级，以制度规范信息管理。其二，要规范数据调取制度。司法机关要建立相对统一的向第三方机构调取数据的规程，大数据公司也要构建针对司法机关、律师、普通民众等不同主体的各级、各类数据信息调取制度。具体包括何种类型、何种密级的数据可以被何主体查阅及调取，需要经过何种审查及登记，泄露数据信息有何责任等。

总之，信息化在给社会带来创新活力、给人们的生活带来便利的同时，也引发了违法犯罪形态的新变化，给犯罪的侦查与防控工作带来新的机遇和挑战。我们应当依托大数据平台，以情报信息引导警务工作，创新侦查机制、加强研判水平、提高实战技能，进一步增强打击与预防犯罪的整体性和实效性。

第三节 优化侦查机制

2015 年党中央、国务院联合发布《关于全面深化公安改革若干重大问题的框架意见》以来，全国公安机关深入贯彻“1 +3”意见方案，不断加强基础信息化、警务实战化、执法规范化、队伍正规化建设，取得一系列改革成果。面对维护国家安全和社会稳定的复杂形势，在恐怖主义犯罪侦防工作中，公安机关在广泛开展警务合作、逐步深化信息引导警务的同时，还需要切实提高侦查机关的办案能力，针对《刑法》所规制的组织、领导、参加恐怖组织罪等恐怖主义犯罪开展侦查活动，从权力配置、措施运用、证据获取等方面提升优化侦查机制，在实战中强化打击犯罪新机制，不断增强应对各类犯罪新态势的攻坚克难能力。

一、恐怖主义犯罪侦防配置

在我国，侦查权归属于公安机关、国家安全机关、人民解放军保卫部门等法定侦查机关及其工作人员。[①] 在恐怖主义犯罪的侦防工作中，不仅涉及到多个法定侦查主体，还涉及到军队等侦查协助单位和应急处

① 参见杨宗辉：《侦查学总论》，中国检察出版社 2009 年版，第 42—47 页。

置单位，以及在全民反恐态势下的多元防控主体。但在我国目前的侦防体系中，尚欠缺超越各侦防主体的组织协调机构，我国当前恐怖主义犯罪侦防工作面临着缺乏有效适格的指挥主体统筹协调公安、武警、军队及其他各方力量困境。美国是当前世界范围内安全应急管理体制较为成熟的国家，“9·11”事件促使美国应急管理体制全面变革，逐步形成了以“国土安全部”为主导的反恐应急指挥管理系统。我们可在尊重我国国情的基础上取其精华、去其糟粕，借鉴美国应急管理体制的经验，构建起以国家安全委员会为组织协调者的恐怖主义犯罪侦防体系。

（一）美国反恐应急管理体制之借鉴

根据1947年《国家安全法》，美国国家安全委员会由总统、副总统、国务卿和国防部长组成，是国家安全问题的最高决策与咨询机构，负责向总统提供与国家安全相关的内政、外交及军事政策的综合建议，以便于各部门在国家安全问题上的有效合作。[①]“国家安全委员会”或在称谓上有别的类似机构，是当代各国负责国家安全的核心机构，国家安全委员会机制是世界各国进行国家安全决策及治理的重要机制，美国可谓是国家安全委员会机制的首创者，美国国家安全委员会无论在机构设置方面还是在功能运作方面都为其他国家的国家安全委员会制度的完善提供了有益借鉴。[②] 1972年9月，尼克松政府成立了内阁反恐委员会负责反恐的情报交流与协调工作，但该机构仅运行5年就因效率低下而被撤销，此后直至“9·11”事件前美国政府没有设立负责反恐工作的专门部门，而是由相关职能部门分工负责某一方面的反恐工作：中央情报局负责反恐情报工作；司法部授权联邦调查局负责境内恐怖主义事件处置；国务院负责境外国际恐怖主义事件处置；联邦航空局负责劫机事件处置；联邦紧急事态管理署负责涉公共健康的恐怖主义事件及善后恢复工作；总统国家安全事务助理负责解决领导指挥及责任分配等方面的

---

① 参见邓新元、刘肖岩、屈健：《国外现代反恐机制比较研究》，群众出版社2014年版，第73页。

② 参见张骥：《比较视野下的国家安全委员会》，《现代国际关系》2014年第3期，第22—29页。

疑难问题。[①]“9·11”事件引起美国反恐应急管理体制的系统改革，2002年11月时任总统布什签署了国会通过的美国《国土安全法》，新设内阁级行政机构国土安全部，主要对国内安全问题负责，对发生在美国境内的恐怖主义事件进行防控。[②]国土安全部组织结构十分清晰，内设的四个主要部门分别是：其一是边防与运输安全部门，主要负责进行边防管制，防止恐怖分子及爆炸物进入美国境内；其二是应急整备与响应部门，主要负责发生突发事件后的应对及协调各州和地方政府；其三是化学、生物、辐射和核策略部门，主要负责研究与防范生化、核辐射等类型的恐怖主义袭击；其四是情报分析与基础建设保护部门，主要负责涉及恐怖主义的情报信息的分析研判以及相关法律法规的制定。[③]美国已经形成由国土安全部统筹协调各反恐机构的运作、反恐各相关职能部门各负其责的相对迅速有效的反恐应急管理体制。

（二）我国恐怖主义犯罪侦防指挥协调机制构建

美国“9·11”事件的爆发不仅促生了美国应急管理体制的变革，也引起世界各国对打击与防范恐怖主义犯罪的关注，我国立足本国国情，积极借鉴他国经验，不断加强对反恐领导指挥机制、组织协调机制、行动机制的构建与完善。在对恐怖主义犯罪侦防工作的组织领导方面，我国于2001年在中央成立了国家反恐怖工作协调小组，2013年8月升级为国家反恐怖工作领导小组，是国务院议事协调机构，隶属于公安部反恐局，负责综合领导与协调我国反恐工作；并在设区的市级以上地方政府设立反恐怖主义工作领导机构，县级政府根据需要设立反恐怖主义工作领导机构，负责本区域内反恐工作的组织和协调。纵观我国恐怖主义犯罪侦防工作的的全局，已初步形成自上而下的垂直领导体制。然而当前的领导与组织协调体制主要适用于公安机关内部，隶属于公安部的反恐工作领导小组能否有效指挥协调武警部队、人民解放军以及其

---

① 参见邓新元、刘肖岩、启健：《国外现代反恐机制比较研究》，群众出版社2014年版，第73页。

② 参见汪波、樊冰：《美国安全应急体制的改革与启示》，《国际安全研究》2013年第31卷第3期，第139—154、160页。

③ 参见游志斌：《当代国际救灾体系比较研究》，中共中央党校博士学位论文，2006年，第50—51页。

他社会力量，能否避免反恐工作中出现责权不清、相互推诿的状况，我国当前的恐怖主义犯罪侦防体制中尚且欠缺一个超越各部门、能够有效领导、指挥、协调各部门行动的组织机构。

2013 年 11 月党的十八届三中全会决定设立国家安全委员会。国家安全委员会成为我国第五大常设国家机构，以完善国家安全体制和国家安全战略，确保国家安全，成为应对关涉我国国家安全和利益的各类事件的最高领导和决策机构。但国家安全委员会可否具体主导、协调反恐工作尚无明文规定。鉴于当前实践中公安机关内设反恐工作领导小组难以有力领导指挥军队及社会各界反恐力量的问题，建议提高反恐工作的领导与协调层级，在中央设立隶属于国家安全委员会的反恐工作领导机构，统筹协调全国反恐工作，主要负责反恐工作的决策及指挥、综合研判涉恐情报信息、组织调度各行动机构、协调监管各协作部门，反恐工作领导机构内部依据具体职责分设职能部门。在国家安全委员会下设反恐工作领导机构，是超越公安机关、国家安全机关、军队及其他各部门的更高层级的指挥协调者，有利于有效整合恐怖主义犯罪的侦查主体、防控主体及协作主体等各方力量，有助于打击与防范宗教极端主义犯罪的整体布局和统一行动，能够优化警力资源及社会资源的集约配置，促进恐怖主义犯罪侦防工作的高效运行。

二、恐怖主义犯罪侦查措施

侦查的内在价值体现在秩序、正义、效益三个方面，各价值目标是内在统一、相互联系的整体，然而侦查价值之间的冲突是不可避免的，虽然在三者的关系中，秩序价值与正义价值要优先于侦查的效益价值而存在，但对侦查价值的考量必须权衡兼顾效益价值的实现，侦查机关应当在不断的调适中寻求侦查价值的动态平衡，使侦查既能发挥犯罪打击效能的最大化，又能不断推进人权保障目标向纵深发展。[①] 恐怖主义犯罪从组织形式上看属于有组织犯罪的范畴，且与其他犯罪组织相比，恐怖组织成员犯罪思想更为顽固、内部结构更为严密、作案手法更为残

---

① 参见杨宗辉：《侦查学总论》，中国检察出版社 2009 年版，第 74—77 页。

忍，增加了侦查工作的困难性与紧迫性。仅靠调查访问、现场勘查、讯问、鉴定等常规侦查措施已不能满足恐怖主义犯罪侦查的需求，需要适时采取秘密侦查措施与运用秘密力量手段进行侦查。而特殊侦查措施的运用，不仅是对侦查效益的提升，也有助于恢复并维护社会的秩序与正义，实现社会的稳定与人民生活的安定。

（一）秘密侦查

自2012年《刑事诉讼法》修订对“技术侦查措施”予以专章规定以来，学界及实务界就对“技术侦查”“秘密侦查”“隐匿身份侦查”等概念探讨纷纷但莫衷一是。秘密侦查措施包含两类：一是监控型秘密侦查措施，即技术侦查措施，主要包括电子监听监控、邮件检查、秘拍秘录等；二是乔装欺骗型秘密侦查措施，即隐匿身份侦查措施，主要包括诱惑侦查和卧底侦查等。这是因为，其一，从秘密侦查措施与技术侦查措施之间的关系来说，技术侦查主要指法定侦查机关为了获取情报与证据，通过技术手段调查案件与犯罪嫌疑人的措施，技术侦查措施的适用必然带有秘密性，是典型的秘密侦查措施。[①] 但是“技术侦查”与“秘密侦查”的概念并不能等同，因为除技术侦查措施之外，秘密侦查还包括卧底侦查等隐匿身份侦查措施，而隐匿身份侦查的载体并非为技术手段，而是以“人力”为载体，以“欺骗”的手段而开展侦查活动的特殊侦查措施，其不同于以“技术”为载体的技术侦查措施。其二，从秘密侦查措施与隐匿身份侦查措施两者之间的关系来说，隐匿身份侦查措施实际上就是乔装欺骗型秘密侦查，它一般指侦查主体通过隐瞒真实身份或者改变本体身份，通过身份欺骗获取犯罪嫌疑人对其拟定身份的信任，以接近犯罪嫌疑人或打入犯罪集团内部，获取情报、搜集证据的活动，其具有高隐秘性和易侵权性，符合秘密侦查的本质特征。[②]

第一，隐匿身份侦查在恐怖主义犯罪中的运用。对于恐怖主义犯罪

---

① 参见万毅：《西方国家刑事侦查中的技术侦查措施探究》，《公安大学学报》1999年第4期，第40—44页。

② 田野：《隐匿身份侦查问题研究》，中南财经政法大学硕士学位论文，2015年，第2—3页。

等有组织型犯罪，派遣身体素质、心理素质等综合素俱佳、训练良好的侦查员化妆打入犯罪团伙内部，是搜集深层次的犯罪情报、线索及证据材料，及时防控违法犯罪活动、彻底摧毁犯罪集团、避免或减少社会危害的重要方式。然而，隐匿身份侦查人员所承受的人身危险极高、涉足违法犯罪的风险极高、难以有效保障其各项合法权利并且难于进行监督与管控，特别是在涉及恐怖主义犯罪的案件中，如果卧底人员及外围配合人员行动稍有不慎，不仅无法起到助力破案的作用，反而会引起卧底人员的暴露，造成不可估量的危害后果。因此，在对恐怖主义犯罪的隐匿身份侦查中，必须严密设计侦查的指挥、经营、运作、联系等各个环节，在对卧底侦查员的选择上要分外严格，不仅要具备卧底警员的基本素质，还要求具有可有效迷惑恐怖组织、有利于在境内外暴恐势力相勾结的环境下获取线索及证据的特殊素质。卧底进入走私、贩毒、制造枪支弹药、贩卖军火、洗钱、黑社会性质组织等此类恐怖主义犯罪的上游犯罪、下游犯罪组织之中的隐匿身份侦查员，还能够通过这些非法组织的上下游交易情况获取大量涉及恐怖主义犯罪的情报与证据。

第二，技术侦查在恐怖主义犯罪中的运用。随着恐怖主义犯罪的有组织化、智能化、网络化演变，须加强提升侦查专业技术，特别是强化对信息技术、人工智能技术的运用，以打击的专业化应对犯罪的职业化，应当注意的是，“侦查技术”并不等同于“技术侦查”。侦查技术是指运用于侦查的现代科学技术手段，涵盖范围十分广泛，包括痕迹检验、人身检验等；而技术侦查是依托专业技术手段进行的秘密性侦查措施，包括电子监听监视、秘密录音照相录像、邮件检查、通讯控制、秘搜秘取等。《刑事诉讼法》第 148 条明确规定，对恐怖主义犯罪等严重危害社会的犯罪类型，可以根据侦查的需要、经由严格的审批程序，采用技术侦查措施。首先，就恐怖主义犯罪中技术侦查的主体而言，公安机关及国家安全机关均有权决定采取技术侦查措施，采取技术侦查应当报请上一级机关审批，依照当前法律法规的规定，决定采取技术侦查后应当统一交由公安机关技侦部门具体执行。其次，技术侦查的运用过程中涉及到民众的隐私权、通信自由权等许多基本权利，因此必须严格遵循相关程序性规定，技术侦查的适用范围、保密范围、期限、材料留存等都应当按照法律法规及获得审批的文件所限定的范围执行。再次，应当在实践中不断探索扩展技术侦查的科技含量，可以渐进式尝试将无人机等新兴技术运用于技术侦查领域，并完善配套制度以规范其使用，在拓展人工智能新技术运用的同时，加强人机结合、提高侦查人员的操作与研判能力，提升技术侦查措施在搜集情报信息、获取证据材料、打击与预防犯罪中的实效性。

（二）秘密力量运用

侦查中的秘密力量又称为刑事特情人员，特情人员并不是警务人员，不具备侦查主体身份，而是由法定侦查机关在能接触违法犯罪人员或犯罪组织的人群中物色建立的一批具有一定的活动能力、愿意服务于侦查工作或能够被侦查主体所控制的特殊人员。公安部早在 1984 年就制定了《刑事特情工作细则》，公安部刑侦局 2006 年发布《公安刑警办案须知》中第 124 条规定，侦查人员可以运用刑事特情，了解及控制侦查对象的活动情况。刑事特情的运用是在侦查办案过程中有利于发现线索、收集证据、追究犯罪嫌疑人的一项特殊侦查措施。侦查机关与刑事特情之间具有特殊的契约关系，刑事特情为侦查机关收集并提供犯罪情报、线索及证据材料，侦查机关则以减免一定的法律责任或给付酬金来回复刑事特情。

恐怖主义犯罪侦查的开展需要及时有效的情报，在接触特殊群体的人群中物建特情人员是获取预谋进行极端活动的情报线索的重要途径之一。秘密力量的运用有助于侦查机关及时高效地获取恐怖组织策划活动、预谋犯罪的情报信息，能够快速了解犯罪组织的内部情况，便于收集与固定嫌疑人的犯罪证据材料。但是，秘密力量的运用在提高侦查效益的同时，也具有极高的风险性，如果物建、使用、管理不当，可能会从特情人员处获得虚假情报、反向情报，甚至可能使得特情身份反而成为违法犯罪行为的掩护，给恐怖主义犯罪侦防带来巨大阻力。因此，实践中必须严格规范特情人员的物色建档，适用特情的范围，运用特情的审批程序，特情的培训与管理机制，监督与考核机制，权利救济等机制等问题，一方面是对刑事特情人员的规制与保护，另一方面能够更好地拓展侦查机关获取有效情报信息的触角，发挥警外力量的辅助作用，提高侦查机关打击与预防犯罪的实际效能。

三、恐怖主义犯罪取证重点

对证据的发现、收集与运用是司法机关进行刑事司法活动的基础工作与核心内容。2012 年修订的《刑事诉讼法》对我国的证据制度做出了修改，十八届四中全会再次强调要通过体制机制的变革以全面促进证据裁判规则落地生根，这些规定强化了证据裁判主义原则和证据的合法性审查力度，体现了保障公民权利、规范国家司法机关行使权力的立法精神，对于司法实践有着重要的指导意义。[①] 因而，在对恐怖主义犯罪的侦查过程中也要树立证据裁判的理念，要强调侦查所获取的证据的合法性与证明力的研判。在侦查活动中，取证是一项极为关键的任务，证据的发现、获取与保存关系到对案件事实的发展与证明，关系到对犯罪嫌疑人的判断与认定。侦查人员应当严格遵循实体法及程序法的规定，规范自身的取证行为，这一方面是对侦查权力的规制和对侦查对象合法权益的保护，另一方面也是对侦查主体工作的尊重，尽可能使侦查所获证据最终都能为刑事司法后续环节所认可、采纳。在恐怖主义犯罪侦查工作中，应当着重从证据的可采性与证明力两个维度来审查判断证据。

首先，侦查中要关注证据的可采性。证据的可采性即证据的采用标准，又被称为证据资格，是指在司法及相关活动中决定有关人员提出的证据能否被采用所依据的准则，具体表现在证据的客观性、关联性、合法性的三个方面，证据的采用标准与采信标准之间有较大的区别，被采用的证据未必会得以采信。[②] 第一，在恐怖主义犯罪侦查中必须注重证据的客观性，证据应当是能够证明案件情况的客观存在，而不以侦查人员的主观意识为转移，但是由于在侦查阶段对证据的发现收集及审查认定都是依赖于侦查主体的个别判断，加之无论任何人都只能对已经发生的案件情况运用主观思维进行相对客观的还原，侦查人员对证据的审查判断不存在绝对的真实，只能做到相对程度的客观。第二，在恐怖主义犯罪侦查中要注重证据的关联性，所取得的证据材料必须与待查明的案

---

① 田野：《隐匿身份侦查问题研究》，中南财经政法大学硕士学位论文，2015 年，第 16 页。

② 参见何家弘：《新编证据法学》，法律出版社 2000 年版，第 103—104 页。

件事实具有逻辑关系，当然事物都是普遍联系的，但事物之间的联系有强有弱，太弱的联系对案件证明并无助益，反而会耗费大量的侦查资源，因此在侦查中要视实际情况具体审查判断关联性的强弱程度。所搜集的证据材料要与所查办的恐怖主义案件具有一定程度的关联性。第三，在恐怖主义犯罪侦查中要注重证据的合法性，秘密侦查是在恐怖主义犯罪案件中获取证据的重要手段，在过去通过卧底侦查等方式获取的证据缺乏必要的法律依据，因而在司法实践中必须通过"转化"的方式来加以适用。2010年两高三部联合颁布了《关于办理死刑案件审查判断证据若干问题的规定》，其中第35条指出，侦查主体依法实施的特殊侦查行为所获取的物证、书证及其他证据材料，经审查属实的，可以作为证据适用，法庭不公开其过程与方法，首次确立了适用特殊侦查措施搜集的证据材料可以直接作为证据适用的规则。[①] 2012年修订的《刑事诉讼法》第152条也对特殊侦查措施所获取的信息材料可以作为证据使用进行了法律确认。但法律地位的适格并不代表所取得的证据材料就一定具有合法性，取证主体、取证程序、取证范围等都应当符合相关法律法规的规定。

其次，侦查中要关注证据的证明力。证明力指证据材料在诉讼证明中的力量与价值，它指证据材料是否能够获得、能够在多大程度上获得裁判者的相信。[②] 可采性使得证据具有了成为证据的资格，而具有证明力方能用证据材料来说服裁判者，侦查所取得的证据材料必须同时具备可采性与证明力，才能对证明案件事实起到实际作用。而证据的证明力受到众多因素的影响，对证明力的判定在一定程度上依赖于人的逻辑思维、分析判断、生活经验等主观能力，侦查人员认为具有证明力的证据未必能够得到检察官及法官的认可，因此一方面要加快在刑事司法立法及实务中构建一定形式的证据证明力规则，另一方面侦查人员在调查取证时应当立足于刑事诉讼全局来审查并提高所获证据的证明能力。在恐怖主义犯罪侦查中，要通过证据补强规则对前期所获情报信息进行证据

① 吕广伦等：《〈关于办理死刑案件审查判断证据若干问题的规定〉理解与适用》，《人民检察》2010年第16期，第52—59页。

② 参见纪格非：《证据能力论——以民事诉讼为视角的研究》，中国人民公安大学出版社2005年版，第1页。

转化，注重对通过技术侦查所获取的电子证据在搜集、传输、存储等过程中的真实性与完整性的保存，对隐匿身份侦查所取得的证据材料进行合理的说明性阐释，并且在侦查过程中要注重证据之间的相互佐证，形成完整的证据链条。

第四节 强化防控体系

2014 年 4 月 15 日，中央国家安全委员会第一次会议召开，习近平总书记强调，要准确把握国家安全形势变化新特点新趋势，坚持总体国家安全观，走出一条中国特色国家安全道路。既要重视传统安全，又要重视非传统安全，构建起集政治安全、国土安全、军事安全、社会安全、信息安全、核安全等于一体的国家安全体系。“国安才能国治，治国必先治安”，总体国家安全观为国家安全治理提供了价值引领，维护国家安全是推进国家治理体系和治理能力现代化的必备组成部分。[①] 为了落实总体国家安全观，切实维护好国家安全和社会秩序，对恐怖主义犯罪除了严厉打击、形成有效威慑之外，更应当提高对恐怖主义犯罪的风险防控水平，坚持问题导向、运用底线思维，深入研究恐怖主义犯罪的演变趋势，创新社会治理方式，实现对风险隐患的预测预警预防，做到防患于未然。

一、恐怖主义犯罪的预测

早在战国时期，老子就提出了“为之于未有，治之于未乱”的思想，强调在事物尚未变化、处于稳定状态时容易掌握，因此应当提前谋划，在矛盾尚处于初级阶段时及时化解，提前做好防范和处置。2016 年 10 月，习近平总书记就加强和创新社会治理作出重要指示，强调要更加注重联动融合、开放共治，更加注重民主法治、科技创新，提高社

---

① 参见颜晓峰：《总体国家安全观确立了国家安全治理的价值引领》，人民网，http://theory.people.com.cn/n/2014/0417/c40531-24906262.html。（上网时间：2021 年 4 月 21 日）

会治理社会化、法治化、智能化、专业化水平，提高预测预警预防各类风险能力。预测、预警、预防之间具有本质上的一致性和逻辑上的顺序性，预测是长期的预警，预警是及时的风险监测，而预防是依据长远预测、及时预警所具体实施的现时防控。预测强调事前的推测，恐怖主义犯罪预测是在对信息资源进行科学、全面分析的基础上，对可能产生的危机、犯罪演变的态势、需要应对的风险隐患等问题作出系统的评估与研判，是防控恐怖主义犯罪的基础。

（一）危机演化的机理分析

航空界著名的“海恩法则”认为，在每一起严重的飞行安全事故背后，必然存在着29起轻微事故、300起未遂先兆以及1000起事故隐患，任何重大事故的发生都存在量的积累过程，而提前做好分析预测工作可以起到预警、预防事故发生的作用。要实现对各类风险的有效管控，需要与时俱进转变观念，充分发挥制度优势，统筹利用各方资源，首先要加强对风险的研判预测，找到可能导致事故发生的各个风险点，找到各种可能的征兆和苗头，采取有针对性的措施，防止风险累积扩散、突破临界状态。正如美国危机管理专家罗伯特·希斯提出，有效的危机管理需要从事前、事中、事后三个阶段进行，不仅要重视处于危机中的应急反应，加强危机发生后的管理，更强调要从源头上防范危机的产生，加强对危机初始阶段的管理，应当着重对危机产生的来源、本质、表现形式等问题的研究，从缩减力、预备力、反应力、恢复力四个阶段来进行有效的危机管理，降低各类风险的发生率。

当前，国际社会及我国境内恐怖主义犯罪形势严峻。如“伊斯兰国”等国际极端主义势力加紧向我国周边渗透，“东伊运”加快了与其融合的脚步，不断策划并实施针对我国境外机构及人员的暴恐活动，并试图派遣人员进入我国境内，我国面临的暴恐威胁持续增大。必须加强反恐的发现、预测、预警能力，切实增强安全意识、风险意识，深化“境外清源”工作和“防回流、防渗透”工作。各级公安机关要充分认识当前形势下公安、司法环境的复杂性和危险性，加强各类风险防控工作的紧迫性和实效性，加强智库建设，充分发挥国内外专家学者的力量，提前对恐怖主义犯罪进行研判、预测，建立有效的风险预警、预防机制，集中排查恐怖主义犯罪的人员、事件、时间、空间、物品、何情、何故等方面的各类风险点，确实采取有效措施，做到未雨绸缪，严密防范影响公众安全和社会稳定的风险事故的发生，不断提升应对恐怖主义犯罪的预测、预警能力和预防、监测水平。

值得注意的是，风险研判、风险防控、风险处置是系统工程，提前进行风险研判只是防控工作的第一步。面对已发生和未发生的各类事故及隐患，首先要加强对各类征兆和苗头的排查处理，防止问题的重复发生，将隐患扼制在萌芽状态；而在厘清风险后，更重要的是对症下药、精准施策，切实采取有效措施，及时切断风险链，防止潜在的风险因素演变为现实的风险事故，做到防患于未然。而大数据与人工智能技术将为风险防控带来无限可能，要充分发挥大数据和人工智能在防范各类风险隐患中的重要作用，积极开拓与发展智能安防系统，着力打造公安机关“天网”“天算”“天智”系统，更加客观、准确、及时甚至超前地把握瞬息万变的社会动态，实现对各类风险隐患的敏锐感知和主动防控。当前，我国各地都在尝试积极运用信息化技术、大数据手段开展风险研判，促进预测预警预防，但是仅有数据与技术远远不足以应对日益复杂的犯罪形势，关键是要加强人机结合，深入分析恐怖主义事件、重大公共安全事件、群体性事件等的演变规律，将研判所得的特征点植入数据研判模型和基础管控标准之中，继而在侦防实践中接受检验、进行再次评估并不断完善，确保将高风险的人事物作为防控的焦点，持续增强防控工作的准确性与有效性。

（二）恐怖主义犯罪态势探析

犯罪态势是犯罪现象在未来一段时间内的演变和发展趋势，借助所获取的信息资料、通过科学的方法综合分析犯罪现象的变化特点与规律，预测犯罪的演化方向，能够为及时制定有效的预警、预案体系和主动调整犯罪预防对策提供参照。恐怖主义从古代、近代直至当代具有相对清晰的发展脉络，不同时期的恐怖主义分别显示出鲜明的时代特色，伴随着信息化社会的快速发展，恐怖主义犯罪逐渐体现出全球化、网络化、碎片化的演变趋势。

1. 全球化

近年来，全球许多国家和地区接连发生重大恐怖袭击事件。2015年一年间，法国首都巴黎、突尼斯旅游胜地苏塞、埃及首都开罗以及叙利亚、伊拉克、也门、黎巴嫩等众多国家和地区先后遭受了多次恐怖袭击，造成数以千计的人员伤亡，绝大多数与“伊斯兰国”不无干系。2016年间，“伊斯兰国”持续在利比亚、叙利亚、比利时、巴基斯坦、孟加拉国、伊拉克、法国、德国、埃及等国家和地区活动频繁，制造了多起骇人听闻的暴恐袭击事件，给人类社会带来巨大的恐慌和伤害。2017年以来，“伊斯兰国”极端组织在全球范围内的活动依旧猖狂，1月土耳其经济中心伊斯坦布尔遭遇新年枪击事件，3月英国伦敦发生货车冲撞事件，4月埃及北部城市发生教堂爆炸事件，5月英国曼彻斯特遭受爆炸袭击，与此同时菲律宾马拉维市被极端分子包围，6月英国伦敦再次遭遇极端势力的袭击。无数无辜民众在突如其来的暴恐袭击中伤亡。

恐怖主义势力的国际联合性日渐增强，活动犯罪不断扩大，刻意制造连续性、频繁性恐怖袭击企图追求恐怖效应的最大化。全球各国持续加大对恐怖主义势力的打击力度，“伊斯兰国”极端分子渐次向欧洲、北非、中亚、南亚、东南亚等地逃窜，并试图向我国周边地区渗透，我国面对更为直接的恐怖主义威胁。“东伊运”与国际恐怖组织不断融合，一方面针对我国境外机构设计实施暴恐活动，另一方面企图派遣人员潜入我国境内，我国内地十余个省市区已经发现了暴恐活动线索。面对恐怖主义犯罪全球化的态势，国际社会必须加强打击与防范恐怖主义犯罪的共识，我国要与周边国家和地区深入开展灵活务实的反恐合作，推进对“伊斯兰国”“东伊运”等恐怖主义势力的打击力度，深入开展“防回流”“防渗透”等专项工作。

2. 网络化

据官方资料统计，我国网络犯罪已占犯罪总数的1/3，并以每年30%以上的速度增长。由于互联网具有聚集、发酵、放大功能和强大的组织动员能力，网络已经成为恐怖分子宣扬极端分裂思想、组织发动暴力行动的重要途径。互联网时代面临着现实与虚拟相叠加的恐怖主义威胁，互联网成为恐怖分子宣扬思想、传授方法、煽动恐怖袭击的工具，形成了“网上传播，网下实施；境外煽动，境内轰动”的恐怖组织活动模式。① 近年来，“东伊运”等极端组织不断制作并在境外网站发布恐怖音视频资料，并通过各种渠道传入我国境内，成为恐怖主义的网上推手。恐怖组织利用互联网等新技术和社交媒体等新途径煽动歧视、仇恨、暴力等极端思想，筹措资金、招募人员、策划暴力恐怖活动，对国际社会造成更为广泛的危害与破坏。

面对恐怖主义犯罪的网络化态势，公安司法机关要加快建立完善跨地区、跨部门的联动工作机制，把境外封堵与境内查处、网上巡查与落地查人相结合，侦防工作适应新形势、新变化，不断加强对信息网络技术的开发和运用，善于运用大数据手段关联、追踪犯罪嫌疑人的行为轨迹。资料显示，我国公安机关已发现境内网上非法政治性组织百余个和“藏独”“东突”势力在境内建立的网络群组上千个。要组织开展专项行动，加强网上安全监管和阵地控制，创新网上、网下一体化的打防管控机制，密切跟踪“东伊运”及国际恐怖主义势力的动向，在加强边境建设与边境管控、严防极端分子、恐怖分子入境的同时，还要加强对暴恐音视频资料境外制作及发布源头的查找与打击，切断暴恐音视频的流动链条和网上传播渠道。

3. 多样化

一方面，恐怖主义犯罪的主体呈现出多元化态势。在 20 世纪 90 年代以前，各国参与恐怖活动的人员以青壮年男性为主，由于青壮年男性身体素质较好、又处于易意气用事的心理阶段，成为恐怖组织煽动发展的首要对象。然而，伴随着国际社会对恐怖主义的防范与打击力度的不断增强，恐怖组织尝试寻找、发展、利用老、弱、残、妇、幼等隐藏性更强的弱势人群，企图蒙蔽群众的视线、躲避相关部门的监测，以便于实施恐怖活动，造成更大的社会危害。越来越多的老年人、残疾人、未成年人、女性受到恐怖组织的洗脑和训练，成为恐怖活动的参与者、实施者、甚至组织者，这些人群体力水平有限，难以实施劫持、纵火等行动，他们甚至不惜以生命为代价进行自杀式爆炸袭击。

---

① 参见邹东升、丁柯尹：《移动互联时代的涉恐网络舆论与网络反恐策略》，《甘肃社会科学》2015 年第 2 期，第 195—198 页。

另一方面，恐怖主义犯罪的手段呈现出多样化态势。恐怖活动的传统方式主要集中于砍杀、冲撞碾压、爆炸、劫机、劫持人质、暗杀、纵火等，自杀式袭击由于隐蔽性强且成本低，成为极端组织惯用的手段。然而随着科学技术的快速发展，恐怖组织的武器装备、行动方式也不断升级，并不断尝试运用专业科技手段进行暴恐行动。如今恐怖组织不仅大肆运用大规模杀伤性武器发动暴恐袭击，甚至企图利用计算机黑客技术、生物化学技术、核辐射等实施大型破坏性活动，世界范围内网络恐怖主义、生化恐怖主义、核恐怖主义、金融恐怖主义等犯罪新形式络续出现，全球反恐面临着前所未有的严峻挑战。

面对恐怖主义犯罪呈现的新趋势，侦防工作也必须克服传统思维定式，探索建立专业研判、技术支撑、科学指挥、合成作战的新机制，以打击的专业化应对犯罪的职业化，完善整合情报收集、刑事侦查、技术侦查、网络监控、视频监控、资金查控等专业侦控措施，多警种协调联动，多手段同步办案，提高防范和打击恐怖主义犯罪的能力。

二、恐怖主义犯罪的预警

《中国人民解放军军语》对预警的内涵及外延做出了广义上的阐释，战略预警是指做出预先警报的活动，可分为早期预警和及时预警，其中，早期预警又可以分为中长期预警、近期预警和直前预警。[①] 预警与预测在本质上具有一致性，都是依靠科学合理的分析与评估对事物的发展进行预先的估量与警报，可以说，预测是长期的预警，预警是短期的预测，而预警比预测具有更强的迫切性和实效性。[②] 恐怖主义犯罪预警是指对犯罪预测的结果及可能存在的风险进行监控，在事前对恐怖主义事件发生的可能性进行监测与评估，并视监测情况确定风险等级、发出警报，使相关主体能够有充裕的时间采取反应措施防范恐怖主义事件的发生。从运作机理上看，恐怖主义犯罪的预警包括情报搜集及信息分析、预案制定、警级划分、警示发布、警情处置等几个环节，相关部门

---

① 参见全军军事术语管理委员会、军事科学院：《中国人民解放军军语》，军事科学出版社 2011 年版，第 217 页。

② 参见张长军：《战略突袭预警研究》，军事科学出版社 2010 年版，第 9 页。

要善于运用现代科技及大数据技术，加强对恐怖主义犯罪的前瞻性研究，建立健全风险预警研判机制。

（一）预案制定

各级公安机关、司法机关、政府部门、企事业单位及社会组织等，都应当制定有效的反恐预案，以便在突发紧急情况时可以进行积极有效的处置，提高相关工作人员及人民群众面对突发性恐怖主义事件时的应变能力，尽可能减少遭受暴恐事件的损害。首先，我国《突发事件应对法》对突发自然灾害、事故灾难、社会安全事件等的应急准备、监测、预警、处置、救援、事后恢复与重建等活动作出原则性规制，基本确立了我国的应急管理体制，能够在一定程度上规范对突发事件的应对，控制和减轻突发事件的社会危害。其次，各地方政府及相关部门应当在《突发事件应对法》的框架下，结合《反恐怖主义法》的相关规定，分级、分类制定反恐专项应急预案，进一步明确各地方反恐组织协调机构、行动机构的职责范围，完善信息报告机制，细化风险监控、安全防范、资源调配、物资使用、事后社会秩序恢复等相关规定。最后，通过《公民防范恐怖袭击手册》等向公民进行反恐、防恐的预警宣传，广泛传授公民识别恐怖组织、恐怖人员及判断恐怖袭击危险的方法，并教授公民正确的规避危险措施和自救、互救方法，能够增强公民的安全防范意识和技能，在危险来临时为公民提供帮助。① 只有事先制定周密合理的反恐预案，才能在遭遇突发事件时临危不乱、妥善应对，将暴恐事件的社会危害降到最低。

（二）警级划分

警级是根据警情的实际严重程度而划分的预警级别，2002 年美国率先实施五级反恐预警机制，俄罗斯效仿美国在 2008 年制定了五级反恐预警机制，后又根据本国实战状况在 2011 年调整为三级反恐预警机制，针对每个预警等级设置了相关机构和公民的权限及责任，以便相关

---

① 参见公民防范恐怖袭击手册：《中华人民共和国公安部》，http：//www. mps. gov. cn/n2255079/n4242954/n4599133/c4601524/content. html。（上网时间：2021 年 8 月 5 日）

主体能够及时有效应对可能出现的突发状况。我国依据《突发事件应对法》的分级标准，按照事件的紧急程度、发展势态及可能造成的危害对突发事件分为四级，相应地制定四级反恐预警机制，依次用四色标示四级：一级为红色、二级为橙色、三级为黄色、四级为蓝色，其中一级为最高级别。

具体而言，当反恐预警级别标示为四级蓝色时，说明社会整体治安状况基本有序，但可能遭受恐怖主义的轻度威胁；当反恐预警级别标示为三级黄色时，表示社会正遭受恐怖主义的中度威胁，社会中可能存在着不安定因素，人民群众安全感降低，近期有引发冲突事件的可能性；当反恐预警级别标示为二级橙色时，表明社会正受到恐怖主义的严重威胁，治安治理状况明显下降，不利于社会稳定的流言蔓延，人们情绪处于轻度紧张与恐惧状态，有爆发大规模群体性事件和恐怖主义事件的可能；当反恐预警级别标示为一级红色时，表示恐怖主义已经对社会产生了特别重大威胁，社会成员处于紧张激进状态中，社会已经出现动荡与危机，局部地区已经遭受恐怖袭击，事态随时有可能扩大化或持续恶化。各级政府及相关部门应当在发布预警级别、宣布进入预警期后，迅速启动应急预案，根据预警等级状况及时采取信息评估、事态监测、救援安置、转移疏散等应急措施。

（三）警示发布

根据我国《突发事件应对法》的规定，当发现社会安全事件即将发生或发生的可能性增大或已经发生时，县级以上地方各级政府及相关主管部门应当依照相关法律法规和国务院规定的程序及权限，及时发布相应级别的警报，决定并宣布有关地区进入预警期，同时向上一级人民政府及相关主管部门报告，必要时可以越级上报，并向当地驻军及可能受到危害的毗邻地区或相关地区的人民政府通报。根据恐怖主义事件发生的可能性及预警等级，及时妥当地向一定的对象发出警示，有利于提前做好反恐防范工作，降低恐怖主义事件带来的危害。然而，警示发布可能会造成民众的恐慌紧张情绪，若发布的时机及方法不妥反而会带来负面社会效应，因此，在发布警示时，应当以尽可能维护社会治安状况的稳定为原则，妥善确定发布警示的时机、对象、范围及方式方法。具体来看：第一，警示发布的时间应当根据警情的准确性及紧迫性具体确定，并要为接受警示者采取应对措施预留充足的时间；第二，警示发布的对象要根据警情内容进行选择，对于只涉及特定部门的警情要严格控制在特定范围内发布，对于涉及社会不特定对象的警情应当向公众发布；第三，警示发布的范围应当依照警情涉及的区域确定，若警情只涉及特定区域则只在相关区域发布，若警情涉及不特定地区则视情况在全市、全省乃至全国范围内发布；第四，警示发布的方法以方便发布对象知晓为原则，可视实际需要采取专情专报、内部通告、媒体公告等。[①]

（四）警情处置

社会燃烧理论认为，正如同自然界的物质燃烧需要具备燃烧材料、助燃剂、点火温度三要素，人类社会矛盾的爆发、大规模群体性事件的发生使得社会形态从有序向无序蜕变，这三个方面的因素同样缺一不可：一是社会燃烧物质，通常表现为社会矛盾、普遍性的社会不满情绪；二是社会助燃剂，即社会舆论等意见流的影响和煽动；三是社会点火温度，即引发行动的突发性事件。[②] 当危机爆发、警情出现时，有关职能部门应当及时安抚社会民众情绪，或积极引导舆论导向，或妥善处置突发性事件，以防范社会矛盾的燃烧或进一步扩大化。我们应当构建合理的危机警情处置机制，当反恐预警危机出现时，迅速分层级启动应急预案，恰当配置军警资源及民力资源，妥当采取重要目标警卫、重点场所监控、嫌疑对象控制、危险物品管理等应急处置措施，在防止事态扩大化的基础上进行善后处置工作。一方面，应当充分运用大数据技术对社会矛盾进行研判、预警，建立起社会矛盾常态化排查发现机制，力争做到发现在早、防范在先、处置在小。另一方面，可推广浙江、辽宁等地的实战成果，通过建立人流、车流、物流监测预警系统，把视频监控、人像对比、车牌识别、热力图等技术相结合，对监测目标的运行轨迹和变化趋势进行实时监控，实现对各类风险的自动识别、敏锐感知、

---

① 参见李晓明、张跃进：《社会治安防控体系建设研究》，法律出版社2012年版，第506页。

② 参见李其原、胡伟：《网络群体性事件发生机理与应对策略研究——基于社会燃烧理论》，《领导科学》2017年第14期，第30—32页。

及时预警和主动拦截。

总之，预警能力是反恐的核心能力，相关部门要依托现代信息技术，探索建立“互联网 +”风险预警模式，加强对恐怖主义犯罪的前瞻性研究，推动建立立体化、社会化、信息化的监测预警体系，不断提升对各类风险的预警能力和监测水平。

三、恐怖主义犯罪的预防

党的十九大报告提出，要加强社会治理制度建设，完善党委领导、政府负责、社会协同、公众参与、法治保障的社会治理体系，加强预防和化解社会矛盾机制的建设，着力打造共建、共治、共享的社会治理新格局。恐怖主义犯罪的预防强调要在长远预测、及时预警的基础上，完善党委、政府、政法各机关、社会各机构及人民群众普遍参与的多元化主体联防联治机制，不断严密巡控网、完善安防网、夯实内保网、做强科技网构建立体化监控体系，多方协调、多措并举实现依法治理、综合治理、系统治理，切实防范恐怖主义犯罪的发生。

（一）多元化防控主体协作

既然产生犯罪的根源在于社会，那么抑制犯罪的主力军也应当在于社会。[①] 打击与防范恐怖主义具有超越不同文明的全球性价值，反恐怖主义不仅关乎公共安全，而且事关祖国统一、民族团结和政权稳定，全民反恐是国际、国内的严峻形势所需，加强社会面防控是惩治与预防恐怖主义的重要举措。具体而言，恐怖主义犯罪防控应当加强以下各方主体的联防联治、通力合作。

第一，党委和政府。国家将反恐怖主义纳入国家安全战略，充分落实党委领导、政府负责机制，加大财政投入力度，加强基础设施及技术装备配置，从人力、物力、财力上为恐怖主义犯罪侦防工作提供保障。地方各级反恐工作领导机构及各级综治组织要在党的领导下，加强对恐

① 参见王大伟：《欧美警察科学原理——世界警务革命去向何处》，中国人民公安大学出版社 2007 年版，第 450—481 页。

怖主义犯罪侦防工作及社会治安综合治理工作的分析调研与组织协调，强化全局思想，统筹推进联防联治。

第二，政法各机关。公安机关要依法预防和打击恐怖主义违法犯罪活动，加强对利用各种媒介的各项非法活动的综合治理，加强对有煽动恐怖主义嫌疑的重点人员的管控。检察院、法院、国家安全机关、司法行政机关要在恐怖主义犯罪防控工作中发挥主力作用，各负其责、齐抓共管、发挥集合效能。

第三，人民军队。人民解放军、武警部队和民兵组织要依照相关法律法规，根据反恐工作领导机构的部署，在必要时协助做好恐怖主义犯罪的侦防工作，根据国家统一部署，依法打击各种暴恐活动。

第四，其他相关部门。恐怖主义犯罪的预防涉及社会方方面面，各相关部门都有责任协助防范违法犯罪行为的发生并做好各领域的反恐防恐工作。海关、出入境管理部门要加强对恐怖主义嫌疑人员、可疑物品的检查与监控，防止境外极端势力的渗透破坏；银行金融机构、反洗钱部门要加强可疑账户的资金监管，阻断极端主义活动的资金流；网信、电信部门要加强对网站、自媒体、通讯等信息的实时监管与留存；此外，审计部门、财税部门、交通部门、新闻出版机构等都应当落实各领域防范恐怖主义的相关工作。

第五，各社会性组织。居委会、村委会，企事业单位及其他社会组织要积极参与恐怖主义犯罪防控，形成多方发力、协同共治的社会治安综合治理格局。要完善政府购买公共服务机制，以市场经济的力量推进社会组织在社会治安治理中发挥效用，鼓励人民团体和群众组织参与违法犯罪防控工作，发挥相关协会的自律自管作用，规范对警务辅助人员的管理与培训，拓展保安服务市场，规范并引导第三方力量加入社会治安防控，充分发挥社会活力。

第六，广泛发动人民群众的力量。要树立人民群众的主人翁意识，合理发扬“朝阳群众”“西城大妈”“海淀网友”等群防群治模式，让社会成员广泛参与到治安综合治理中来，让违法犯罪分子难寻藏身之地。2017 年 3 月，“朝阳群众”App 正式上线运行，群众可通过该应用软件进行寻人、招领、案件通报、违法行为举报等。截至 2017 年 7 月，北京市实名注册的治安志愿者已超过 85 万人，各类群防群治力量动员总量已达近140万人，其中仅朝阳区实名注册的“朝阳群众”就达13万余人，平均每月向警方提供涉及盗窃、诈骗、反恐、公共安全等线索2万余条。①

（二）立体化监控系统构建

近年来我国各地持续推进立体化、信息化社会治安防控体系构建，建成了公共安全网基本框架，对于社会各项风险防控和犯罪预防起到了重要作用，正如习近平总书记所言，维护公共安全是个细致活和实在活，不可掉以轻心，还应当在完善治安防控体系框架构筑、提升社会防控整体效能的同时，加强犯罪防控体系的薄弱环节建设，借鉴湖北等地严密巡控网、完善安防网、夯实内保网、做强科技网的经验，建立全方位、立体化的监控体系，织密织牢公共安全网。

第一，健全网格化管理体系。十九大报告提出，要加强社区治理体系建设，推动社会治理重心向基层下移。网格化管理是社会治理方式的重要变革，它打破了我国传统的以单位制和街居制为主要特征的社会管理体制，借助现代信息技术和网络化平台收集社情民意，实现了政府的管理与服务职能在基层社会的有效延伸。结合网格化防控体系建设，落实人防物防技防措施，是社会治安防控体系建设的重要环节，是对违法犯罪进行有效防控的重要举措。可将恐怖主义犯罪防控与网格化管理体系相结合，利用网格员熟悉当地社情民意的优势条件，快速识别陌生人员、及时发现恐怖主义的宣传及活动，并且可以依托网格化纵向管理系统快速上报上级主管单位，实现迅速辨识风险与高效应急处置。

第二，加强专业巡逻防控与治安卡口防控的结合。专业巡逻是在社会动态环境下打击与防控犯罪最为有效的手段之一。违法犯罪状况时刻处于动态变化中，警务人员到街面加强巡逻，不仅可以震慑违法犯罪分子、增强人民群众的社会安全感，而且有利于合理配置有限的警力资源，提高快速出警反应能力。治安卡口是立体化社会防控体系建设的重要部分，各地应当统筹规划、合理安排、在交通要道等关键部位设置治

① 参见《北京“朝阳群众”平均每月向警方提供线索两万余条》，搜狐新闻，http://www.sohu.com/a/156367744_123753。（上网时间：2020年6月23日）

安卡口，有利于实现快速出警、快速追逃、维护道路治安等目的。近年来，各地积极推进“动静结合”的防控体系建设，以包头市公安局为例，一方面着力打造市局、分局、派出所、社区四级巡逻模式，另一方面在主要的治安卡口设立治安检查站，由警务人员全天值守，并且利用视频抓拍技术，对涉及违法犯罪的人员及车辆实现前方预警、后方及时处置。①

第三，完善视频监控体系建设。随着对信息技术运用能力的不断提高，视频监控系统在惩治与预防犯罪、维护社会公共安全等方面的重要性日益凸显。社会治安综合防控体系建设应当按照国家提出的“全域覆盖、全网共享、全时可用、全程可控”的十三五安全保障能力建设目标，推进实现联网集约化、联网规范化和应用智能化。② 深化群众性治安防控“雪亮工程”建设，以县、乡、村三级综合治理平台为依托，以网格化管理为基础，加强城乡公共安全视频监控一体化建设，健全数据联网的基础技术规范标准，实现不同地区间设备接口、数据编码的兼容共享。各地公安机关着力加强视频防控集成合力，推动信息资源一体化运行，例如呼和浩特警方以科技信息化为支撑，打造视频监控点、云、横、网立体化布局，并加大对各类监控资源的联网统合力度，建成统一的视频监控联网平台，实现了视频资源的集约共享。③

第四，加强对高风险人群、危险物品、重点行业和场所的监管。首先，要实现对暴恐分子等高风险人群的动态管控，做到“发现得了、控制得住”。我国已落实建立以公民身份号码为唯一代码的国家人口基础信息库，建立公民统一社会信用代码制度，探索涵盖公民全部信息的一卡通制度，这将有力推进人口综合管理信息系统的建设。对于有恐怖主义倾向、涉恐涉暴的高风险人群，在重要节点设置人脸识别系统、视频门禁系统，加强对危险人群的发现与管控。其次，要加强对危险物品的管理。恐怖主义活动通常要运用到具有一定破坏力、杀伤力的管制刀

---

① 参见《智能化社会治安综合防控方案（视频资料）》，爱奇艺，http：//www. iqiyi. com/w_19rsp97kxt. html。（上网时间：2018 年 4 月 3 日）

② 参见潘盛洲：《打造共建共治共享的社会治理格局．十九大报告辅导读本编写组．党的十九大报告辅导读本》，人民出版社 2017 年版，第 368 页。

③ 参见《智能化社会治安综合防控方案（视频资料）》，爱奇艺，http：//www. iqiyi. com/w_19rsp97kxt. html。（上网时间：2018 年 4 月 3 日）

具、爆炸物品、枪支弹药、剧毒物品、放射性物品等，在治安管理中必须对危爆物品的产生、销售、运输、存储等各环节加强监管、严格排查清除隐患。据公安机关资料显示，2017 年河北、广西等地警方破获了一起特大走私贩卖制式枪支案件，暴露出防控工作的薄弱环节，犯罪分子将枪支放入砂轮机内逃避 X 光机检查，从菲律宾转经香港走私入境后，再通过寄递物流方式运送给买家。因此，公安工作中要根据违法犯罪的新手段，及时堵塞防控漏洞，不断完善安检方法，加强人机结合，改进各项侦防措施，织密社会安全网。再次，要加强对重点行业及场所的监管。推动旅馆业、旧货业、寄递物流业、机动车改装业等重点行业的实名制登记和安全管理，加强对机场、火车站、码头、公交车站、地铁站等重点部位和学校、医院、商业场所、金融机构等重点场所的安全防范，强化日常管理和人防、物防、技防措施的综合运用，严密防范暴恐事件的发生。可以将北京、上海、武汉、广州等地对地铁等轨道交通客流运用的先进安检措施予以推广，以防暴恐、防踩踏为重点，探索运用 X 光样本库、毫米波、频射、人脸及声纹等自动识别技术，提高安检的快捷化、自动化、精细化水平。

第五，加强资金监管。恐怖组织的运行需要巨额的资金支持，无论训练恐怖分子还是购买武器，都需要高额的开支。金钱是驱动恐怖活动的力量，如果没有金钱，恐怖主义将无法运转。① 恐怖组织及恐怖分子筹措资金的方式主要有三种，一是通过走私、毒品等违法犯罪来敛取钱财，二是设立作为掩护的合法公司、福利机构等获取巨额资金，三是接受培植恐怖主义的政府、组织及个人提供的物资。1999 年第 54 届联合国大会通过了《制止向恐怖主义提供资助的国际公约》，我国政府 2001 年也签署了该公约，公约规定，任何人明知资金将用于恐怖主义犯罪却仍以各种方式为其募集或提供资金的，均构成犯罪。然而实践中，恐怖组织常常利用互联网络、全球金融服务等多种途径，通过货币走私、化整为零、跨国洗钱等各种方式将其资金漂白，给资金监管与打击工作带来巨大难度。侦防工作必须一方面加强国内金融监管，协同银行、证

---

① Christopher Dobson and Ronald Payne, “The Terrorists”, New York: Facts on File, Inc., 1982, p. 102. 转引自胡联合：《当代世界恐怖主义与对策》，东方出版社 2001 年版，第 352 页。

券、工商等机构及时发现并实时监测可疑账户、可疑财产；另一方面要加强国际金融监管和反洗钱合作，强化对地下银行、税收优惠区、贵重物品商贸等的监管。

第六，完善对网络虚拟空间的监管。信息技术的飞速发展不仅为人们的生活带来巨大变革，也促生了违法犯罪形态的新变化，恐怖主义犯罪同样呈现出网络化态势，恐怖分子一方面利用互联网宣扬恐怖主义思想、散布恐怖活动信息、组织暴恐行动，另一方面直接运用黑客技术对互联网络、电脑程序及信息系统进行攻击，企图进行意识形态渗透、扰乱社会秩序。侦防工作中要建立跨区域、跨部门联动机制，实现境外封堵与境内查处相结合，网上巡查与落地查人相结合，充分利用警务资源并动员社会力量加强网上安全监管，严厉打击恐怖主义活动。贯彻落实《网络安全法》的相关规定，对于通讯技术与社交媒体，要坚持鼓励发展与依法管理并重，加强对4G移动技术的管理，密切跟踪5G移动技术的发展方向，并尽快启动全量数据接入的微信大数据管控平台建设，加强对“电报群”等新兴网络技术监管，减少监控盲区和溯源死角，提高对网络舆情的防范与应对处置能力。

总之，应当着力构建立体化、全方位的公共安全防控网络，实现对恐怖主义犯罪及各类风险隐患的提前发现、及时预警、有效处置。

（三）全方位保障制度跟进

党的十九大报告提出要打造共建共治共享的社会治理格局，并特别在原有“党委领导、政府负责、社会协同、公众参与”的格局基础上增加“法治保障”作为社会治理体制建设的重要组成部分，发挥法治对社会的引领、规范和保障作用，重视保障制度的跟进落实，为社会综合治理提供全方位的后备支持。

第一，法制与经费保障。首先，各级地方要在《反恐怖主义法》《突发事件应对法》《关于加强社会治安防控体系建设的意见》等相关法律法规的基础上，进一步分级、分层制定适用于本地方的社会治安综合治理条例及打击暴恐犯罪、恐怖主义防范的具体实施意见和实施细则，有针对性地加强各地区恐怖主义犯罪防控的制度性保障。其次，国务院及地方各级人民政府应当将反恐怖主义工作经费列入同级财政预算，并对反恐重点地区给予倾向性经费支持，对处置大规模暴恐事件提供充足的经费保障。再次，各级地方政府可以通过税收减免、金融资助等方式积极引导社会资本注入社会治安综合治理体系中，形成多元化的社会综合治理经费支撑系统。报道显示，纽约市在“9·11”事件后加强安防工程修建，仅为了防止桥梁、隧道等遭受恐怖袭击，就历时4年、耗资2.5亿美元修缮反恐防御工程。① 社会治安防控体系建设是一项耗资巨大的长期性、系统性工程，仅靠政府财政力量难以持续支撑高额的经费需求，因此，适当推动治安防范服务的产业化和社会化，在政府引导的前提下将基层社区治安保障等业务推向社会，既能化解政府繁重的经济压力和事务压力，又能促进基层社会自治效能的发挥。

第二，警务人员职业保障。首先，要加强专业人员及辅助人员队伍建设。国家及各级地方政府要研究解决警力配置、警察职业培训、考核奖惩机制、专业技术设备配置等问题。公安机关、国家安全机关、武装警察部队、人民解放军要依照法定职责，建立反恐专业力量并加强专业训练、配备专业设施。各级政府及公安机关还应当广泛发动单位内保组织、专业巡逻队、治安志愿者等社会力量参与到社会治安综合防控中来，并加强对社会辅助力量的素质培训与指导监督。其次，要加强对警务人员的人身安全保障。各级政府及相关部门应当为负担反恐维稳职责、长期备勤的一线人员适当给予政策性优待，健全轮岗轮休制度，加强健康保障和人身意外伤害保险机制。对因从事或协助恐怖主义犯罪侦防工作而导致本人或近亲属人身安全面临危险的，公安机关及有关部门应当及时对其采取必要性保护措施，对于其所支出的费用或遭受的损失，应当按照规定给予补助或补偿。

第三，应急救援救助保障。救援救助系统在恐怖主义犯罪防控体系中占有不容忽视的地位，各级政府及相关机构应当协同社会力量，通过多元化渠道为反恐防恐及救援救助提供物资、智力、技术等各项支持。在发生暴恐事件之后，参与应急救援的主要有警务人员、消防官兵、医务人员以及其他社会力量。首先，当暴恐事件发生后，人民警察应当第

---

① 参见《纽约城市“反恐工程”几近完工历时4年花费数亿》，中国新闻网，http://www.chinanews.com/gj/2010/12-02/2696036.shtml。(上网时间：2021年5月12日)

一时间赶到现场维护秩序、疏散人群、封锁现场、调查取证，这既是追查案件线索的必要措施，也是对群众情绪的有效安抚，必要时候还应当出动武警部队或人民解放军配合侦防工作。其次，我国原武警消防部队是公安机关的职能部门之一，也是武装警察部队的重要组成部分，担负着公安消防保卫和应对突发事件的双重任务。2018 年公安消防部队正式转隶应急管理部，作为应急管理部门消防救援机构，依照《消防法》承担重大灾害事故的应急救援工作，是暴恐事件应急救援的主力军。再次，各地区、各级别医院应当视实际情况制定切实可行的医疗救援应急预案，确保 120 急救平台的迅速有序调控，在灾害、事故发生后能够快速配备调试医疗器械、设备、制剂等必备物品，及时赶赴现场开展医疗救援。在救助群众生命、保障人民身体健康的同时，还应当重视对遭遇暴恐事件特殊人群的心理干预，加强突发事件后的心理救援与心理重建。此外，还应当积极发挥民政部门、学校教育、新闻媒体等社会各界的作用，全方位加强突发事件应急救援救助保障。

总之，切实加强预测预警预防各类风险隐患的能力，是加强安保维稳工作的必然要求，有助于提升恐怖主义犯罪的防控水平，防范和减少暴力恐怖事件、公共安全事件、群体性事件的发生，维护国家政权稳定和社会长治久安。

结　　语

恐怖主义属于意识范畴，是一种不为国际社会所接受的信仰及在此基础上形成的意识形态，其产生具有极端主义等持久原因。恐怖主义犯罪是在恐怖主义思想影响下的团体及团体中的个人所实施的，采取暴力、胁迫或其他手段，足以引起社会恐慌、具有极大社会危害性的行为，应当受到国家和社会必要的防范与处置。当前世界范围内恐怖主义犯罪总体上处于可控状态，但形势不容乐观，恐怖势力的袭击范围和对象不断扩大，恐怖主义犯罪在短期内不会被消除，恐怖主义犯罪的威胁仍将长期存在并影响国际与国内安全形势。总体国家安全观确立了国家安全综合治理的价值理念，为恐怖主义犯罪侦防提供了价值引领，在应对恐怖主义犯罪时应当综合使用法律、经济、文化等多种手段来提升侦防整体效能。

本书在学习借鉴前人研究成果的基础上，力求对恐怖主义犯罪侦防问题进行全面、系统的研究，并在研究中取得一定的创新。其一，本书将刑事一体化的视角引入对恐怖主义犯罪侦防问题的研究中，从侦查活动本身出发，在侦查之中、侦查之外以及侦查之上来研究侦查，对刑事司法活动整体观之，在侦防一体化的视野下对极端主义犯罪问题开展研究。[①] 其二，本书将社会防卫理论、刑事政策及侦查价值等理论问题引入恐怖主义犯罪侦防问题研究中，拓展了侦查学研究的理论深度，并对合成作战、国际警务合作、情报导侦等实践中的问题及优化路径进行分析与探索，实现了恐怖主义犯罪侦防理论与实践的综合研究。其三，本书在论述体系上借鉴党中央“提高对各种矛盾问题预测预警预防能力”的提法，分层次论述恐怖主义犯罪的预测、预警、预防，对加强我国安

---

① 参见杨宗辉：《侦查学研究方法的拓展——以“刑事一体化”思想为视角》，《武汉公安干部学院学报》2009 年第 23 卷第 1 期，第 8—23 页。

全防控体系构建提供了较为周详的建议。

反躬自省，本书的研究尚存在许多不足之处。由于客观原因限制，本书对恐怖主义犯罪的统计数据收集不足，数据较为滞后。由于外语能力及可查阅到资料的限制，对美国、以色列、俄罗斯、法国等域外典型国家的恐怖主义犯罪侦防的研究并不全面，有待在日后的研究中进一步完善。

参考文献

一、著作类

[1] 陈瑞华:《程序性制裁理论》，中国法制出版社 2017 年版。

[2] 杜邈:《全球反恐立法和政策》，中国政法大学出版社 2016 年版。

[3] 戴艳梅:《国际反恐实务》，中国言实出版社 2015 年版。

[4] 邓新元、刘肖岩、屈健:《国外现代反恐机制比较研究》，群众出版社 2014 年版。

[5] 风笑天:《社会研究方法》，中国人民大学出版社 2018 年版。

[6] 傅冰:《新视阈下的反恐对策研究》，中国人民大学出版社 2014 年版。

[7] 郭永良:《全民反恐的战略构建：以反恐参与权为中心》，中国法制出版社 2016 年版。

[8] 康海军:《反恐刑事特别程序研究》，南开大学出版社 2016 年版。

[9] 何家弘、刘品新:《证据法学》，法律出版社 2013 年版。

[10] 何家弘、杨宗辉:《公安学论丛（第 4 卷）》，法律出版社 2010 年版。

[11] 何家弘、张卫平:《简明证据法学》，中国人民大学出版社 2016 年版。

[12] 何家弘:《新编证据法学》，法律出版社 2000 年版。

[13] 何家弘:《刑事诉讼中科学证据的审查规则与采信标准》，中国人民公安大学出版社 2014 年版。

[14] 胡联合:《第三只眼看恐怖主义》，世界知识出版社 2002

年版。

［15］纪格非：《证据能力论——以民事诉讼为视角的研究》，中国人民公安大学出版社2005年版。

［16］金宜久：《当代宗教与极端主义》，中国社会科学出版社2008年版。

［17］康树华：《犯罪学》，群众出版社1998年版。

［18］李慧智：《反恐学》，人民出版社2003年版。

［19］李晓明、张跃进：《社会治安防控体系建设研究》，法律出版社2012年版。

［20］廖斌：《技术侦查规范化研究》，法律出版社2015年版。

［21］林泉：《航空恐怖主义犯罪的防范与控制》，法律出版社2015年版。

［22］刘建飞：《中国特色国家安全战略研究》，中共中央党校出版社2016年版。

［23］刘仁山、尹生、简基松、邓烈：《国际恐怖主义法律问题研究》，中国法制出版社2011年版。

［24］刘莹：《“圣战”恐怖主义阴霾下的法国反恐问题研究》，群众出版社2016年版。

［25］陆忠伟：《非传统安全论》，时事出版社2003年版。

［26］马忠红：《情报主导侦查》，中国人民公安大学出版社2010年版。

［27］梅建明：《反恐情报与危机管理》，群众出版社2007年版。

［28］莫洪宪：《有组织犯罪研究》，湖北人民出版社1998年版。

［29］盘冠员、章德彪：《网络反恐大策略——如何应对网络恐怖主义》，时事出版社2016年版。

［30］潘新睿：《网络恐怖主义犯罪的制裁思路》，中国法制出版社2017年版。

［31］全军军事术语管理委员会、军事科学院：《中国人民解放军军语》，军事科学出版社2011年版。

［32］秦冠英：《非传统安全视域下的恐怖主义犯罪研究》，法律出版社2018年版。

［33］任继愈：《宗教词典》，上海辞书出版社 1981 年版。

［34］十九大报告辅导读本编写组：《党的十九大报告辅导读本》，人民出版社 2017 年版。

［35］王大伟：《欧美警察科学原理——世界警务革命去向何处》，中国人民公安大学出版社 2007 年版。

［36］王丰年、李亦农：《犯罪情报学》，中国人民公安大学出版社 2015 年版。

［37］王利文：《东南亚恐怖主义与反恐合作》，中国人民公安大学出版社 2015 年版。

［38］王林：《美国社区反恐与反恐警务研究》，中国政法大学出版社 2015 年版。

［39］王燃：《大数据侦查》，清华大学出版社 2017 年版。

［40］王逸舟：《恐怖主义溯源》，社会科学文献出版社 2002 年版。

［41］汪明敏：《反恐预警分析研究》，军事科学出版社 2016 年版。

［42］魏东：《刑事政策原理》，中国社会科学出版社 2015 年版。

［43］习近平：《习近平谈治国理政（第一卷）》，外文出版社 2014 年版。

［44］习近平：《习近平谈治国理政（第二卷）》，外文出版社 2017 年版。

［45］习近平：《决胜全面建成小康社会夺取新时代中国特色社会主义伟大胜利——在中国共产党第十九次全国代表大会上的报告》，人民出版社 2017 年版。

［46］许福生：《犯罪学与犯罪预防》，元照出版社 2018 年版。

［47］杨宗辉、刘卫军：《侦查方法论》，中国检察出版社 2012 年版。

［48］杨宗辉：《刑事案件侦查实务》，中国检察出版社 2011 年版。

［49］杨宗辉：《侦查学前沿问题研究》，群众出版社 2002 年版。

［50］杨宗辉：《侦查学总论》，中国检察出版社 2009 年版。

［51］余建华：《恐怖主义的历史演变》，上海人民出版社 2015 年版。

［52］余潇枫、魏志江：《中国传统安全研究报告（2014 – 2015）》，

社会科学文献出版社 2015 年版。

［53］翟金鹏:《恐怖主义犯罪案件侦查对策》，群众出版社 2004 年版。

［54］张长军:《战略突袭预警研究》，军事科学出版社 2010 年版。

［55］张毓诗:《世纪之交的国际关系》，时事出版社 2012 年版。

［56］张凌、袁林:《国家治理现代化与犯罪防控》，中国检察出版社 2014 年版。

［57］赵秉志:《国际恐怖主义犯罪及其防治对策专论》，中国人民公安大学出版社 2005 年版。

［58］赵秉志、卢望平:《国际刑法评论（第 3 卷)》，中国人民公安大学出版社 2009 年版。

［59］朱永彪、任彦:《国家网络恐怖主义研究》，中国社会科学出版社 2014 年版。

［60］中共中央马克思恩格斯列宁斯大林著作编译局:《马克思恩格斯选集（第 3 卷)》，人民出版社 1995 年版。

［61］中国现代国际关系研究所反恐怖研究中心:《国际恐怖主义与反恐怖斗争》，时事出版社 2001 年版。

［62］维克托 · V. 拉姆拉伊等:《全球反恐立法和政策》，杜邈等译，中国政法大学出版社 2016 年版。

［63］［德］冯 · 李斯特:《论犯罪、刑罚与刑事政策》，徐久生译，北京大学出版社 2016 年版。

［64］［法］孟德斯鸠:《论法的精神》，许明龙译，商务印书馆 2012 年版。

［65］［法］米海依尔 · 戴尔玛斯 · 马蒂:《刑事政策的主要体系》，卢望平译，法律出版社 2000 年版。

［66］［古巴］亚历杭德罗 · 卡斯特罗 · 埃斯平:《恐怖的帝国——新千年的跨国安全、反恐与全球危机》，徐世澄译，五洲传播出版社 2015 年版。

［67］［美］奥黛丽 · 库尔思 · 克罗宁、詹姆斯 · M. 卢德斯:《反恐大战略：美国如何打击恐怖主义》，胡激，李莎，耿凌楠译，新华出版社 2015 年版。

[68] [美] E. 博登海默:《法理学：法律哲学与法律方法》，邓正来译，中国政法大学出版社2004年版。

[69] [美] 布丽奇特·L. 娜克丝:《反恐原理：恐怖主义、反恐与国家安全战略》，陈庆，郭刚毅译，金城出版社2016年版。

[70] [美] 马蒂厄·德弗兰:《反恐警务：组织视角与全球视野》，栗长江译，中国人民公安大学出版社2015年版。

[71] [美] 塞缪尔·亨廷顿:《文明的冲突与世界秩序的重建》，周琪等译，新华出版社2010年版。

[72] [美] 伊恩·莱塞等:《反新恐怖主义》，程克雄译，新华出版社2002年版。

[73] [美] 约翰·L. 埃斯波西托、达丽亚·莫格海德:《谁代表伊斯兰讲话：十几亿穆斯林的真实想法》，晏琼英，王宇洁，李维建译，中国社会科学出版社2010年版。

[74] [美] 詹姆斯·E. 吉拉德:《刑事技术学：法庭科学、犯罪与恐怖主义》，刘丽等译，中国人民公安大学出版社2015年版。

[75] [挪威] 托尔·布约格:《恐怖主义犯罪预防》，夏菲，李休休译，中国人民公安大学出版社2016年版。

[76] [英] 安德鲁·西尔克:《反恐心理学》，孙浚淞，刘晓倩译，中国政法大学出版社2017年版。

[77] [英] 大卫·西罗伊:《警务反恐：反恐侦查专题研究》，曹雪飞，李永涛译，中国人民公安大学出版社2017年版。

[78] [英] 汉默顿:《思想的盛宴》，吴琼译，九州出版社2005年版。

[79] [英] 恩里科·菲利:《犯罪社会学》，郭建安译，中国人民公安出版社2004年版。

二、论文类

[80] 陈黎阳:《俄罗斯对于极端民族主义的调控》，《世界经济与政治论坛》2009年第6期。

[81] 陈平:《观念、制度与利益：集体行动的发生基础研究》，中

共中央党校博士学位论文，2013 年。

[82] 储槐植：《犯罪学界的贡献》，《江西公安专科学校学报》2007 年第 4 期。

[83] 单东：《〈美国国家情报战略〉演变的基本逻辑分析》，《情报杂志》2016 年第 35 卷第 2 期。

[84] 邓斌、应强：《法国特种部队反恐突击行动逮捕 7 名恐怖嫌疑人》，《解放军报》2015 年第 11 期。

[85] 杜邈：《中国反恐立法的回顾与展望》，《西部法学评论》2012 年第 6 期。

[86] 董邦俊：《侦查权行使与人权保障之平衡——德国侦查权制约机制之借鉴》，《法学》2012 年第 6 期。

[87] 董邦俊、王法：《"互联网 +"背景下电信诈骗侦防对策研究》，《理论月刊》2016 年第 8 期。

[88] 董少平：《对治安学研究若干理论问题的思考》，《中国人民公安大学学报（社会科学版）》2010 年第 26 卷第 4 期。

[89] 董少平：《论社会治安问题的法治化》，《江西社会科学》2014 年第 34 卷第 2 期。

[90] 董泽宇：《美国反恐预警体系建设的经验与教训》，《情报杂志》2016 年第 3 期。

[91] 高铭暄、李梅容：《论网络恐怖主义行为》，《法学杂志》2015 年第 12 期。

[92] 顾肃：《现代政治发展中的政教分离原则与实践》，《江苏行政学院学报》2009 年第 1 期。

[93] 顾震球：《反恐不能忽视保护人权》，《人民日报》2002 年第 1 期。

[94] 侯静、纪成坤：《全球化背景下加强我国打击跨国犯罪的国际警务合作》，《吉林公安高等专科学校学报》2009 年第 24 卷第 4 期。

[95] 候兰梅：《世界伊斯兰原教旨主义运动对新疆的影响研究》，《新疆社会科学》2016 年第 6 期。

[96] 胡田野：《借鉴与完善：遏制宗教极端主义的立法研究》，《政法学刊》2013 年第 30 卷第 5 期。

［97］焦俊峰、李晓东:《网络恐怖主义犯罪的治理路径选择》,《重庆大学学报（社会科学版）》2020 年第 6 期。

［98］简基松、熊亮:《调查性反恐拘留比较研究与 ICCPR 分析及对我国之启示》,《法学杂志》2016 年第 9 期。

［99］金宜久:《重视对宗教极端主义问题的研究》,《世界宗教研究》2014 年第 6 期。

［100］金宜久:《宗教极端主义的产生和特点》,《中国宗教》2014 年第 6 期。

［101］金宜久:《宗教在当代社会的蜕变》,《世界宗教研究》2002 年第 2 期。

［102］康均心:《习近平新时代反恐理论的形成与发展》,《法商研究》2018 年第 5 期。

［103］康树华:《新社会防卫论评析》,《贵州社会科学》1992 年第 2 期。

［104］兰泽东:《新疆一年打掉暴力恐怖团伙 181 个》,《人民公安报》2015 年第 5 期。

［105］黎宏:《〈刑法修正案（九）〉中有关恐怖主义、极端主义犯罪的刑事立法——如何从限缩抽象危险犯的成立范围的立场出发》,《苏州大学学报（哲学社会科学版）》2015 年第 36 卷第 6 期。

［106］李纲、李阳:《情报视角下的智库建设研究》,《图书情报工作》2015 年第 59 卷第 11 期。

［107］李恒:《基于域外情报导侦模式下的我国反恐情报工作研究》,《情报杂志》2017 年第 36 卷第 5 期。

［108］李军:《恐怖主义与主要大国的反恐战略研究》，华中师范大学博士学位论文，2014 年。

［109］李其原、胡伟:《网络群体性事件发生机理与应对策略研究——基于社会燃烧理论》,《领导科学》2017 年第 14 期。

［110］李兴华:《宗教极端主义研究概要》,《西北民族研究》2002 年第 4 期。

［111］李亦中:《论新形势下合成作战在公安刑事侦查工作中的运用》,《上海公安高等专科学校学报》2016 年第 26 卷第 4 期。

［112］刘广三：《犯罪学上的犯罪概念》，《法学研究》1998 年第 2 期。

［113］刘卉：《我国恐怖活动犯罪刑事特别程序的构建》，《中国人民公安大学学报》2016 年第 5 期。

［114］刘洪：《以色列借别斯兰事件推行“反恐外交”》，《国际先驱导报》2004 年第 9 期。

［115］刘为军：《打击犯罪新机制背景下的区域警务合作》，《中国人民公安大学学报（社会科学版）》2015 年第 31 卷第 6 期。

［116］刘为军：《欧盟警务一体化的现状、制约因素与发展趋势》，《欧洲研究》2004 年第 6 期，第 93—109、7 期。

［117］刘子阳：《深化刑侦工作改革实行打击犯罪新机制提升打击犯罪能力切实增强人民群众安全感满意度和公安机关刑事司法公信力》，《法制日报》2014 年第 12 期。

［118］卢有学、吴永辉：《极端主义犯罪辨析——基础理论与立法剖析》，《西南政法大学学报》2015 年第 17 卷第 2 期。

［119］陆忠伟：《国际反恐 15 年之启示》，《光明日报》2016 年第 1 期。

［120］罗中：《中国少数民族宗教与和谐社会研究》，中央民族大学博士学位论文，2013 年。

［121］吕广伦等：《〈关于办理死刑案件审查判断证据若干问题的规定〉理解与适用》，《人民检察》2010 年第 16 期。

［122］吕扬：《“绝密美国”：反恐战争的肥胖儿》（上），《世界知识》2010 年第 17 期。

［123］马凤强：《网络恐怖主义对新疆安全的危害及其防范》，《新疆社会科学》2016 年第 1 期。

［124］闵剑：《对当前国际警务合作方式的探讨》，《上海公安高等专科学校学报》2005 年第 1 期。

［125］莫洪宪、周娅：《论恐怖主义的界定》，《贵州警官职业学院学报》2003 年第 6 期。

［126］莫洪宪：《改革开放以来我国刑事政策总体评估和启示》，《东方法学》2008 年第 5 期。

［127］欧阳华等:《恐怖主义犯罪与我国刑事立法》，中国法学会刑法学研究会 2002 年年会论文集（下），2002 年。

［128］冉翠:《极端民族主义恐怖犯罪的刑事控制及其评价》，《民族学刊》2017 年第 1 期。

［129］佘硕、刘旭:《网络恐怖主义新动向及其治理分析》，《情报杂志》2018 年第 2 期。

［130］施鹏鹏:《综合的反恐体系及检讨——以法国“新反恐法”为中心》，《中国刑事法杂志》2017 年第 1 期。

［131］苏红红、郭锐:《网络恐怖主义国际治理的制度困境与优化路径》，《情报杂志》2020 年第 2 期。

［132］孙恪廉:《论宗教极端主义的反宗教性》，《陕西社会主义学院学报》2015 年第 2 期。

［133］孙频捷:《技术情报在反恐工作中存在的难题及对策研究》，《情报杂志》2019 年第 3 期。

［134］唐国栋:《最新〈美国国家安全战略〉报告浅析》，《现代国际关系》2002 年第 10 期。

［135］童伟华:《论恐怖主义犯罪的界定》，《甘肃政法学院学报》2002 年第 4 期。

［136］万毅:《西方国家刑事侦查中的技术侦查措施探究》，《中国人民公安大学学报（自然科学版）》1999 年第 4 期。

［137］汪波、樊冰:《美国安全应急体制的改革与启示》，《国际安全研究》2013 年第 31 卷第 3 期。

［138］汪小林、陈合权:《多层面国际警务合作方式的框架构筑》，《四川警察学院学报》2013 年第 25 卷第 5 期。

［139］王爱鲜:《界定恐怖主义犯罪概念应注意的问题》，《河南社会科学》2015 年第 23 卷第 12 期。

［140］王方:《羁押替代性措施研究》，中南财经政法大学博士学位论文，2014 年。

［141］王世洲、刘淑君:《零容忍政策探析》，《中国人民公安大学学报（社会科学版）》2005 年第 4 期。

［142］王秀梅、魏星星:《打击网络恐怖主义犯罪的法律应对》，

《刑法论丛》2018年第3期。

［143］王秀梅、赵远:《当代中国反恐刑事政策研究》,《北京师范大学学报（社会科学版)》2016年第3期。

［144］王新清、李响:《美国电子监控与情报搜集制度研究——兼论我国反恐情报与技术侦查制度的完善》,《中国刑事法杂志》2017年第1期。

［145］乌小花:《当代世界民族宗教问题与世界和平》,中央民族大学博士学位论文,2004年。

［146］吴云贵:《试析伊斯兰极端主义形成的社会思想根源》,《世界宗教文化》2015年第3期。

［147］吴云贵:《伊斯兰原教旨主义、宗教极端主义与国际恐怖主义辨析》,《国外社会科学》2002年第1期。

［148］吴云贵:《伊斯兰原教旨主义与当代国际政治》,《战略与管理》1994年第3期。

［149］肖平:《恐怖主义的法律定义研究》,《福建行政学院学报》2009年第1期。

［150］向党:《〈国际警务合作研究之一〉国际警务合作概述》,《公安大学学报》1997年第3期。

［151］谢晓专:《涉网络犯罪社群行动特征与防控策略》,《中国人民公安大学学报（社会科学版)》2017年第2期。

［152］徐军华:《“一带一路”背景下中国开展反恐国际合作的国际法战略》,《法学评论》2019年第1期。

［153］严天钦:《法国伊斯兰教的治理现状探析》,《北方民族大学学报（哲学社会科学版)》2017年第3期。

［154］姚建龙、王江淮:《论我国刑法与反恐法的衔接——以〈刑法修正案（九)〉为视角》,《犯罪研究》2016年第2期。

［155］余丽:《关于互联网国家安全的理论探讨》,《国际观察》2018年第3期。

［156］杨智:《社会稳定形势分析及评价体系研究》,武汉大学博士论文,2014年。

［157］杨宗辉:《侦查学研究方法的拓展——以“刑事一体化”思

想为视角》,《武汉公安干部学院学报》2009 年第 23 卷第 1 期。

［158］杨宗辉:《论我国侦查权的性质——驳“行政权本质说”》,《法学》2005 年第 9 期。

［159］杨宗辉、周虔:《“检警一体化”质疑》,《法学》2006 年第 5 期。

［160］杨宗辉、周虔:《检察权结构探微》,《法学评论》2009 年第 27 卷第 1 期。

［161］游志斌:《当代国际救灾体系比较研究》,中共中央党校博士学位论文,2006 年。

［162］张骥:《比较视野下的国家安全委员会》,《现代国际关系》2014 年第 3 期。

［163］张磊:《我国恐怖主义犯罪刑事立法政策的反思与展望》,《暨南学报(哲学社会科学版)》2018 年第 10 期。

［164］张立伟、王晓东:《中国反恐部队世界特战新星》,《人民日报》2014 年第 8 期。

［165］张新宝:《从隐私到个人信息:利益再衡量的理论与制度安排》,《中国法学》2015 年第 3 期。

［166］张远煌:《犯罪理念之确立——犯罪概念的刑法学与犯罪学比较分析》,《中国法学》1999 年第 3 期。

［167］章远:《国外智库恐怖主义概念界定及其数据库建设的评析》,《探索》2017 年第 2 期。

［168］赵秉志、杜邈:《中国反恐刑法的新进展及其思考——〈刑法修正案(九)〉相关内容评述》,《山东社会科学》2016 年第 3 期。

［169］赵少雄:《关于加强公安信息数据采集与共享工作的思考》,《广东公安科技》2016 年第 24 卷第 1 期。

［170］郑筱筠:《如何认识和看待新疆宗教与极端主义》,《人民日报》2016 年第 6 期。

［171］中共中央、国务院:《关于加强和改进新形势下民族工作的意见》,《人民日报》2014 年第 12 期。

［172］周光俊:《网络分离主义运动:挑战与应对》,《情报杂志》2019 年第 7 期。

［173］周松青：《全球恐怖主义数据库及对中国反恐数据库建设的启示》，《情报杂志》2016 年第 35 卷第 9 期。

［174］周旺生：《论法律的秩序价值》，《法学家》2003 年第 5 期。

［175］周益峰：《当前我国的民族宗教问题》，《西安政治学院学报》2010 年第 23 卷第 3 期。

［176］邹东升、丁柯尹：《移动互联时代的涉恐网络舆论与网络反恐策略》，《甘肃社会科学》2015 年第 2 期。

三、网页类

［177］“利刃－2017 确山”特战演练打响红蓝两军初见锋芒. 央视网. http：//news. cctv. com/2017/09/17/ARTIW5BAHoXj3t6J9e21oEjE170917. shtml。

［178］《军队处置突发事件总体应急预案》解读．网易新闻. http：//news. 163. com/06/1114/17/2VTHFKCN000120GU. html。

［179］北京“朝阳群众”平均每月向警方提供线索两万余条．搜狐新闻．http：//www. sohu. com/a/156367744_123753。

［180］第 40 次《中国互联网络发展状况统计报告》．中国互联网络信息中心．http：//www. cnnic. cn/hlwfzyj/hlwxzbg/hlwtjbg/201708/t20170803_69444. htm。

［181］东莞警方：深圳部分高危人群流入东莞. 网易新闻. http：//news. 163. com/11/0601/04/75EGGAVJ0001124J. html。

［182］反恐成绩单：大逆转背后（视频资料）．央视网．http：//news. cntv. cn/2016/01/09/VIDEbBvc4krb0YSqg4geUaVM160109. shtml。

［183］国家互联网信息办公室．恐怖主义的网上推手——“东伊运”恐怖音视频（视频资料）．央视网．http：//news. cntv. cn/2014/06/24/ARTI1403575644096677. shtml。

［184］国务院新闻办公室．新疆的宗教信仰自由状况．新华网. 201http：//news. xinhuanet. com/politics/2016－06/02/c_1118976926. htm。

［185］国务院新闻办公室．“东突”恐怖势力难脱罪责．人民网. http：//www. people. com. cn/GB/shizheng/3586/20020121/652705. html。

[186] 美国外交保密之囧．中国保密在线．http：//www. baomi. org/bmyw_info. php？optionid = 62&auto_id = 1152。

[187] 公安部召开新闻发布会通报中国公安机关破获一起重大恐怖组织案件有关情况．中华人民共和国公安部．http：//www. mps. gov. cn/n2253534/n2253875/n2253877/c3742833/content. html。

[188] 公民防范恐怖袭击手册．中华人民共和国公安部．http：//www. mps. gov. cn/n2255079/n4242954/n4599133/c4601524/content. html。

[189] 国防部：中国军队必要时将参与打击恐怖活动．环球网. http：//world. huanqiu. com/regions/2013 – 11/4516730. html。

[190] 国际刑警组织第 86 届全体大会在京闭幕．中华人民共和国公安部．http：//www. mps. gov. cn/n2255079/n5590589/n5786324/n5786342/c5799161/content. html。

[191] 面对海量数据，美国情报机构寄希望于人工智能．搜狐网. http：//www. sohu. com/a/191598234_354973。

[192] 纽约城市“反恐工程”几近完工历时 4 年花费数亿．中国新闻网．http：//www. chinanews. com/gj/2010/12 – 02/2696036. shtml。

[193] 数据挖掘．百度百科．https：//baike. baidu. com/item/数据挖掘/216477？fr = aladdin。

[194] 我国流动人口数 2. 47 亿．凤凰网．http：//news. ifeng. com/a/20161019/50124421_0. shtml。

[195] 习近平 19 日起出访中东三国开启 2016 年首访．人民网. http：//world. people. com. cn/n1/2016/0118/c1002 – 28064534. html。

[196] 习近平视察驻疆部队：要求给暴恐势力毁灭性打击．中国网. http：//news. china. com. cn/2014 – 05/02/content_32262513. htm。

[197] 习近平《积极树立亚洲安全观共创安全合作新局面》讲话．新华网．http：//news. xinhuanet. com/world/2014 – 05/21/c_126528981. htm。

[198] 颜晓峰：总体国家安全观确立了国家安全治理的价值引领．人民网．http：//theory. people. com. cn/n/2014/0417/c40531 – 24906262. html。

[199] 英国《卫报》再揭美国“元数据”内幕．搜狐网．http：//roll. sohu. com/20130629/n380214510. shtml。

[200] 智能化社会治安综合防控方案（视频资料）．爱奇艺. ht-

tp：//www. iqiyi. com/w_19rsp97kxt. html。

［201］浙江高院与阿里巴巴联手打造“智慧法院”. 新华网. http：//news. xinhuanet. com/politics/2015－11/24/c_128463879. htm。

四、外文类

［202］Atran Scott. Psychology of Transnational Terrorism and Extreme Political Conflict. Annual Review of Psychology，72（2021）.

［203］Badi Hasisi，David Weisburd. Policing Terrorism and Police－Community Relations：Views of the Arab Minority in Israel. Police Practice and Research，9 Jan 2014.

［204］Burcu Pinar Alakoc. Competing to Kill：Terrorist Organizations Versus Lone Wolf Terrorists. Terrorism and Political Violence，11 Aug 2015.

［205］Citron，Danielle Kate. Technological Due Process. Washington University Law Review，6（2008）.

［206］Ersun N. Kurtulus. Terrorism and Fear：Do Terrorists Really Want to Scare? Critical Studies on Terrorism，22 May 2017.

［207］James Risen and Eric Lichtblau. Bush lets US spy on callers without couurts. New York Times，16 December 2005.

［208］Kearns Erin M，Betus Allison E，Lemieux Anthony F. When Data Do Not Matter：Exploring Public Perceptions of Terrorism. Studies in Conflict & Terrorism，44（2021）.

［209］Keene S D. Terrorism and the Internet：A Double－Edged Sword. Journal of Money Laundering Control，359（2011）.

［210］Kelemen Barbara，Fergnani Alessandro. The Futures of Terrorism Against China in the Greater Middle East. Futures，124（2020）.

［211］Kenney M. Cyber－Terrorism in a Post－Stuxnet World. Orbis，111（2015）.

［212］Mohamed Hassen，Alimi Mohsen，Ben Youssef Slim. The role of renewable energy in reducing terrorism：Evidence from Pakistan. Renewable Energy，175（2021）.

[213] Or Honig, Ido Yahel. A Fifth Wave of Terrorism? The Emergence of Terrorist Semi – States. Terrorism and Political Violence, 9 Jun 2017.

[214] Tore Bjorgo. Counter – Terrorism as Crime Prevention: A HolisticApproach. Behavioral Sciences of Terrorism and Political Aggression, 11 Dec 2015.

[215] White Robert W, Demirel Pegg Tijen, Lulla Vijay. Terrorism, Counterterrorism and 'The Rule of Law': State Repression and 'Shoot – to – Kill' in Northern Ireland. Irish Political Studies, 36 (2021).